Max Frisch

GANTENBEIN · DAS OFFEN-ARTISTISCHE ERZÄHLEN

VON HEINZ GOCKEL

1976

BOUVIER VERLAG HERBERT GRUNDMANN · BONN

CIP-Kurztitelaufnahme der Deutschen Bibliothek
GOCKEL, HEINZ
Max Frisch: Gantenbein; das offen-artistische Erzählen. — 1.Aufl. — Bonn: Bouvier 1976.
(Abhandlungen zur Kunst-, Musik- und Literaturwissenschaft; Bd. 211)

ISBN 3-416-01239-9
ISSN 0567-4999

Alle Rechte vorbehalten. Ohne ausdrückliche Genehmigung des Verlages ist es nicht gestattet, das Buch oder Teile daraus zu vervielfältigen. © Bouvier Verlag Herbert Grundmann, Bonn 1976. Printed in Germany. Satzherstellung: computersatz bonn gmbh, 53 Bonn. Druck: C. Plump, 5342 Rheinbreitbach.

INHALTSVERZEICHNIS

Einleitung: Das Ärgernis an den Varianten 7

I. Der Einfall und die Geschichten 17

II. Das „Offen-Artistische" 38

III. Die „wesentliche Metapher" und das Metaphorische 54

IV. Jerusalem 70

V. Das Mysterium des Todes und der Zeit 89

VI. „Ein geheimes Kierkegaard-Thema" 122

VII. „Störbare Spiegelungen" 141

Einleitung: Das Ärgernis an den Varianten

Kaum ein anderes Werk von Max Frisch hat so unterschiedliche Reaktionen ausgelöst wie sein Roman *Mein Name sei Gantenbein*[1]. Mit kaum einem anderen Werk aber ist auch die Kritik so schnell fertig geworden wie gerade mit ihm. Und dies, obwohl die Diskussion mit dem Hinweis auf die Schwierigkeiten der Bewertung der erzählerischen Experimente im zweiten Teil des Romans eröffnet wurde. Seitdem Hans Mayer in einer außergewöhnlich ausführlichen Rezension in der *Zeit*[2] diese Schwierigkeiten der Bewertung im Scheitern des Erzählers Max Frisch selbst begründet sah, überwiegt die negative Kritik. Dem kontrastiert seltsam die breite Resonanz, die der Roman beim Leserpublikum gefunden hat, eine Resonanz, die ihm im Rahmen einer Taschenbuchreihe einen — wie der Vorspann ausdrücklich vermerkt — bevorzugten Platz einräumt[3], was die Prognose Jürgen Mantheys, der dem Roman wie vielen „philosophischen Romanen" einen Weg „in die schnelle Vergessenheit" voraussagte[4], zumindest fragwürdig erscheinen läßt. Hans Mayers Vorwurf gegen den Autor geht aus von einer Feststellung, die in den nachfolgenden Kritiken die Beurteilung des Romans entscheidend beeinflußt hat, von der Feststellung nämlich, daß hier Leben in Geschichten und zwar in mögliche Geschichten aufgelöst werde. Diese Bemerkung weist in der Tat — wie ein Blick auf den *Stiller*, das Spiel *Biografie* und die Erzählung *Montauk* verdeutlichen kann — auf eine schon in den frühen Werken latent anwesende, im *Gantenbein* und später offen präsentierte problematische Erzählsituation hin. Geht es doch um das probeweise Kalkulieren möglicher Situationen im Horizont des schon Vergangenen. So wird das

---

[1] Frankfurt/M. 1964. Die Seitenangaben im Text beziehen sich auf diese Ausgabe. Hervorhebungen von mir.

[2] Hans Mayer, Mögliche Ansichten über Herrn Gantenbein. Anmerkungen zu Max Frischs neuem Roman. In: Die Zeit, 18. 9. 1964; wiederabgedruckt in: H. M., Zur deutschen Literatur der Zeit, Reinbek 1967, S. 204-213.

[3] Fischer Taschenbuch 1000, S. 2.

[4] Jürgen Manthey, Prosa des Bedenkens. Max Frisch: „Mein Name sei Gantenbein". In: Frankfurter Hefte 20 (1965), S. 279-282, hier 282.

Faktische durch die Wiederholung der Erzählung im Bereich artifizieller Möglichkeiten aufgehoben. Hans Mayers Vorwurf richtete sich denn auch weniger gegen das Verfahren als vielmehr gegen die Tendenz, nicht nur die „künstlerisch *fruchtbaren* Möglichkeiten" bei der „Verwandlung von Dasein in Kunst" auszuprobieren, sondern auch die „sterilen Varianten". Die fruchtlosen Varianten also, die der Roman als immer neue und doch auch immer ausweglose Geschichten derselben Sache präsentiert, sind das Ärgernis. Der Vorwurf wäre zu verschärfen: Die Anhäufung von scheinbar beliebigen Varianten desselben Themas bleibt nicht nur im Hinblick auf die strukturierte Geschichte, den plot des Romans, sondern gerade im Hinblick auf das Artifizielle im Erzählervorgang unbefriedigend. Der Vorwurf entdeckt darüber hinaus ein grundsätzliches Problem für die Erzählweise im *Gantenbein* und für die Darstellungsweise im Spiel *Biografie*. Nötigt er doch zu der Frage, ob die angesprochene Thematik der Übersetzung von Leben in Kunst, in diesem Fall von Lebensgeschichten in mögliche Geschichten, überhaupt zu verwirklichen ist. Dieser grundsätzliche Einwand mit dem von Hans Mayer ausgesprochenen Vorwurf der künstlerischen Fruchtlosigkeit bleibt zumindest für den *Gantenbein* so lange bestehen, bis nicht einerseits die Varianten des zweiten Teils sich als Konsequenz der im ersten Teil des Romans vorgestellten „Geschichte" erweisen lassen, andererseits die Frage des artistischen Moments dieses Spiels mit Varianten im Blick auf seine Wirkungsabsicht befriedigend beantwortet ist.

Wo diese Frage nicht berücksichtigt wird, kann es allerdings leicht zu einer unversöhnlichen Gegenüberstellung von Wirklichkeit auf der einen und artistischen Möglichkeiten auf der anderen Seite kommen. Damit ist dann schnell der Boden bereitet, den *Gantenbein* als eine „Behelfslösung, die nirgendwo schlüssig werden will"[5], als eine „exemplarische Sackgasse"[6] zu charakterisieren. Das Suchen der „Wirklichkeit" des Romans scheitert an den Möglichkeiten des Erzählens. Heinrich Vormweg kennzeichnet denn auch konsequenterweise ein solches Erzählen als

---

[5] Helmut Heißenbüttel, Ein Erzähler, der sein Handwerk haßt? Zu Max Frischs drittem Roman: „Mein Name sei Gantenbein". In: Die Welt der Literatur, 3. 9. 1964.

[6] Heinrich Vormweg, Max Frisch oder Alles wie nicht geschehen. In: H. V., Die Wörter und die Welt. Über neue Literatur, Neuwied 1968, S. 80–86; zuvor erschienen unter dem Titel „Othello als Mannequin. Zum vierten Roman von Max Frisch". In: Der Monat 17 (1964), S. 80–83.

„Korruption", da es sich „am Scheidepunkt zwischen Wirklichkeit und Möglichkeiten" für die letzteren entscheide. „Wären Geschichten tatsächlich Kleider, gemacht, weil man ja nicht nackt durch die Welt gehen kann? Erzählen, so vorgestellt, ist Korruption, wenn auch deren weltläufigste Variante. Laut Frisch verfällt ihr der Erzähler mit Notwendigkeit. Es gibt kein Pardon. Geschichten erzählen heißt, die Wirklichkeit kostümieren."[7] Die scheinbare Beliebigkeit der erzählten Varianten verbunden mit der Frage nach der Wirklichkeit als „in der Sprache identifizierter Erfahrung" ist wiederum Anstoß für das Ärgernis.

Nun sind es gerade die metaphorisch verdichteten Stellen des Romans, etwa das dreimal wiederkehrende Eingangsbild des Pferdes, das in Todesangst aus dem es festhaltenden Granit hervorzuspringen versucht, die Heinrich Vormweg die Frage nach der „Wirklichkeit" stellen lassen. Denn sie „geben den Eindruck, hier habe man es mit Wirklichkeit zu tun, mit in der Sprache identifizierter Erfahrung". Der Eindruck aber trügt. Auch hier weicht Max Frisch aus in das „Kartenspiel der Möglichkeiten". Dieser Hinweis nötigt, das Problem des Verhältnisses von in der Sprache identifizierter Erfahrung und einer Erzählhaltung, die sich im Horizont des Möglichen in Geschichten als Varianten auflöst, erneut, nun unter dem Gesichtspunkt des Metaphorischen aufzugreifen. Der von Vormweg aufgewiesene Widerspruch scheint ja im Roman nur in formaler Weise aufgelöst zu sein, indem die Eingangsmetapher vom „Morgengrauen" dadurch in das Spiel der Varianten einbezogen wird, daß sie an zwei entscheidenden Stellen des Romans wiederkehrt. Die Wiederholung aber entbehrt der Variabilität. Das Wiederaufnehmen der Metapher ist nicht mehr als Variante aufzufassen; es erweist allenfalls deren Signalfunktion innerhalb der Strukturierung des Erzählganzen. Hinweischarakter allein aber reicht nicht aus für die epische Integration. Freilich ist hier zu bemerken, daß das Wiederauftauchen des Bildes vom Pferdekopf einen Wendepunkt für den Roman bedeutet: Im Anschluß an die Wiederholung der Eingangsmetapher gibt Gantenbein die zu Beginn des Romans eingenommene Blindenrolle auf, begleitet von der resignierenden Bemerkung „Wozu die Verstellerei" (253).

Diese Beobachtung entdeckt einen weiteren Widerspruch des Romans: Ist das Prinzip der Erzählung im Horizont des Möglichen das der Varianten, wie kann es dann eine Art „Wendepunkt" im Erzählablauf geben? Schließt

---

[7] Vormweg, S. 84.

die Variante als Erzählprinzip nicht gerade eine Peripetie des Erzählten aus, wie diese einen linearen Erzählablauf einschließt? Um es verschärft zu sagen: Kann sich eine Geschichte, wenn es um probeweises Erzählen geht, so vortragen, daß sie noch als Geschichte mit einem „Wendepunkt" aufgefaßt werden kann? Es gilt den Hinweischarakter der metaphorischen Engführung zu befragen. Die epische Integration jedenfalls bereitet Schwierigkeiten, wenngleich es problematisch ist, von einem „deutlichen Mangel an Integration aller erzählerischen Elemente" zu sprechen, zumal Hans Egon Holthusen diese Feststellung wieder an die Frage des Verhältnisses von Leben und Kunst bindet [8] — nun unter dem Gesichtspunkt der Wahrheitsfindung. Die „kurz und bündig erzählte Geschichte" als „*modus sui generis* der Wahrheitsfindung" scheitert angesichts des Problembewußtseins des Romans und „zieht sich gleichsam geniert in die kleine Form zurück, die dann als anekdotische Einlage oder erzählerischer Sketch ... innerhalb des Romans hartnäckig, wenn auch in untergeordneter Stellung ihr Leben fristet, während die epische Großform nicht recht florieren will". Im Roman vermitteltes Problembewußtsein, konfrontiert mit der Auflösung des Problems in variable Geschichten, ist hier der Ansatz für die Kritik. Die Feststellung der Inkongruenz dieser beiden Pole des Romans führt zur Enttäuschung über die „Dürftigkeit seiner Auskünfte am Ende einer moralisch-psychologischen Versuchsreihe, die zwingend nach Ergebnissen verlangt". Variable Geschichten, Entwürfe als erzählerische Varianten widerstreben dem Verlangen nach Festlegung in Auskünften. Auch hier noch wird das Ausbleiben der Ergebnisse im Hinblick auf die Problemstellung und der Mangel an epischer Integration im Hinblick auf die Komposition mit der Aufsplitterung des zu Erzählenden in mögliche Geschichten begründet.

Der Vorwurf der mangelnden epischen Integration — einmal ausgesprochen — hält sich hartnäckig. Leicht verbindet er sich mit der Frage nach der inneren Konsequenz der verschiedenen Geschichten, ja mit der Frage nach der Ökonomie der Komposition. Hier allerdings befriedigt Max Frisch nicht. „Die Spannungen sind willkürlich; alles treibt zu einem verwirrenden, künstlerisch sehr fruchtbar angelegten Höhepunkt zu, da Gantenbein, Enderlin, Svoboda und, nicht ausgesprochen, aber impliziert,

---

[8] Hans Egon Holthusen, Ein Mann von fünfzig Jahren. In: Merkur 18 (1964), S. 1073–1077; wiederabgedruckt in: H. E. H., Plädoyer für den Einzelnen. Kritische Beiträge zur literarischen Diskussion, München 1967, S. 208–215.

alle möglichen weiteren Rollen in einer Person aufgehen, in der diese Gemeinsamkeit der verschiedensten Rollen wieder eine einheitliche, geschlossene Person, im Erzähler, zu erzeugen scheint; doch dann geht es weiter; der Erzähler zerbricht an dieser seiner erdachten Energieleistung ... was bleibt, sind die unfruchtbaren Teilstücke einer Gesamtexistenz, die nun durchgehechelt werden, ohne je wieder zu solch gültiger Identität zu gelangen; ebenso zerstiebt der Roman ins Episodische, fast Belanglose und Langweilige"[9]. Die Schlüssigkeit also fehlte dem Roman, die erzählerische Identität; um es deutlicher zu sagen: die kompositionelle Einheit. Die Feststellung ist häufig wiederholt worden. Anton Krättli sieht „die Motive wie Versatzstücke herumstehen, probeweise hingestellt und achtlos weggeschoben, wenn eine neue Erfindung ausprobiert werden soll"[10]. Das Versatzstück hat nicht einmal mehr die Bedeutung des Hinweisens. Es wird funktionslos angesichts des erzählerischen Experimentalcharakters im Ausprobieren der Varianten. So kann Kurt Ihlenfeld die Frage stellen, ob die Geschichten alle „mit dem Thema des Buches ursprünglich und sinnvoll zusammenhängen". Diese Frage wird sich erst dann beantworten lassen, wenn das „Thema" des Romans umschrieben ist. Sicherlich reicht die subjektive Feststellung eines „Unbehagens an den vielleicht doch nicht gemeisterten ‚Fiktionen', mit ihren immer neuen Unterbrechungen, Verwandlungen, Übertragungen usw."[11] nicht aus. Der Versuch der Objektivierung eines solchen Unbehagens könnte vielleicht die Absicht des Autors aufdecken.

So sehr die einzelnen Ansichten differieren, kommen sie doch darin überein, das Ärgernis an dem Roman in dem Erzählprinzip der Variabilität zu sehen. Wenn vorausgesetzt werden kann, daß es sich bei den einzelnen Geschichten um Varianten handelt, liegt es nahe, das Thema zu bestimmen. Hier freilich zeigt sich eine erstaunliche Divergenz in den Meinungen. Das immer variierte Thema wird bestimmt als „Unglück der Erblindung", mit dem „literarisches Spiel" getrieben wird.[12] Der Roman kann als „Mutmaßungen zum Thema Mann und Frau", aber auch zum Thema

---

[9] Heinz Ludwig Arnold, Möglichkeiten nicht möglicher Existenzen. Zu Max Frischs Roman: Mein Name sei Gantenbein. In: Eckart-Jahrbuch 1964/65, S. 298-305, hier 303.
[10] Anton Krättli, Max Frisch: „Mein Name sei Gantenbein". In: Schweizer Monatshefte 44 (1965), S. 975-979, hier 975.
[11] Kurt Ihlenfeld, Max Frisch: Mein Name sei Gantenbein. In: Neue deutsche Hefte 1965, Heft 105, S. 129-132, hier 130f.
[12] Ihlenfeld, S. 131.

„Wahn und Wirklichkeit" erscheinen.[13] Nicht von der Hand zu weisen ist auch die Anspielung auf Goethes Wanderjahre-Novelle *Der Mann von funfzig Jahren* und die Thematisierung des Alterns im Roman[14], gibt ja der Erzähler selbst einen deutlichen Hinweis: „Also altern" (244). Ebenso nahe liegt es, von einer modernen Version des Schelmenromans mit dem außerhalb der Gesellschaft stehenden, Narr und mythischen Seher vereinenden Helden zu sprechen[15] — ähnlich der modernen Version des Ödipus im *Homo faber*. Oder haben wir es wieder einmal mit Max Frischs altem Thema der Identitätsfindung verbunden mit dem Motiv der Eifersucht zu tun?[16]

Es wird deutlich, daß mit dem *Gantenbein* nicht so leicht fertig zu werden ist, weder in bezug auf das variierte Thema noch in bezug auf die story, noch auch in bezug auf die Erzählweise. Umso erstaunlicher ist die Breitenwirkung des Romans, wobei zu fragen wäre, ob es nicht gerade die „artistische Kühnheit"[17] ist, die sowohl die Schwierigkeiten bei der Erklärung als auch die Faszination am Erzählten bedingt. Denn dieses Moment führt den Leser immer wieder auf Holzwege bei der Frage nach der Geschichte, die der Roman eigentlich erzählen will, und nötigt am Ende zu der Feststellung, daß diese Frage nicht nur vom Roman nicht beantwortet werden will, sondern offensichtlich an ihm selbst zum Scheitern verurteilt ist. Die Holzwege sind geplant, das Scheitern ist kalkuliert. Nach der Geschichte fragen heißt ja, das Prinzip der Varianten negieren. Die aufgefundene Geschichte würde eben dieses Prinzip aufheben. Dennoch ist es gerade das artistische Moment, das als verführerisches Stimulans für den Leser die Frage nach der Geschichte immer wieder provoziert.

Dies geschieht schon durch die Grunddisposition des „Helden" Gantenbein, als vorgeblich Blinder das Sehen probieren zu können angesichts einer Umwelt, die nicht sehen kann, daß er sieht. Die dem Leser gestatteten Blicke hinter die Fassade werden ständig durch den Verdacht gestört, es könne sich nur um die vorurteilsbefrachteten Blicke der Gantenbein-

---

[13] Krättli, S. 975.
[14] Holthusen, S. 214.
[15] Martin Kraft, Studien zur Thematik von Max Frischs Roman „Mein Name sei Gantenbein", Diss. Bern 1969, S. 42, passim.
[16] Vormweg, S. 83.
[17] Krättli, S. 975.

Figur handeln. Immerhin: „hinter die Fassade zu sehen, dabeizusein, ohne daß die Mitmenschen es wissen und sich also verstellen"[18], ist das Faszinosum dieser Disposition. Mit dem bis zum Ende — auch über Gantenbeins vorzeitige Aufgabe der Blindenrolle hinaus — eingehaltenen „literarischen Trick" schafft sich der Erzähler die Möglichkeit, die Geschichte an vorgeblich beliebigen Stellen ins Ausweglose zu führen und neue Wege zu probieren, um sie noch im Anschein der Beschreibung von Wirklichkeit mit dem Signum des Imaginierten zu versehen. Die Imagination und das Spiel mit dem Imaginierten überwiegt. So wird der Erzähler selbst zum „Helden" des Romans. Die Fiktion wird immer als solche gekennzeichnet. Desillusionierung hat nur insofern statt, als man dem Erzähler den Hinweis auf die Fiktion wegen des Faszinosums der Beschreibung nicht glauben will. Das Übergewicht des Imaginierten aber bleibt auch in der Beschreibung. „Eine Geschichte für Camilla Huber" ist auch im Roman Geschichte, deren Verknüpfung auf der strukturellen Ebene der Komposition nicht ohne weiteres zu finden ist. Näher liegt, von einer „großmaschigen Verknüpfung des Imaginierten"[19] zu sprechen, eine Feststellung, die die Abhängigkeit der einzelnen Teilstücke vom Erzähler-„Helden" und dessen jeweiliger Imaginationsphase verdeutlichen kann.

Hinzu kommt, daß der im Roman als Figur vorgestellte „Held" Gantenbein sich schon bald in zwei Figuren — Enderlin und Gantenbein — aufsplittert. Ähnlich wie bei der Problemstellung gibt es in bezug auf die Figurenkonstellation keine selbständigen Personen, sondern Varianten von Figuren, so sehr auch die beschriebenen Situationen — etwa die des Kaufs der Blindenbrille — den entgegengesetzten Eindruck hervorzurufen bemüht sind. Hier entdeckt sich ein weiterer entscheidender Widerspruch des Romans: auf der einen Seite finden wir die Tendenz zur Konkretisierung der vorgestellten Situation mit Hilfe der Beschreibung, auf der andern Seite bleiben die handelnden Personen dieser Situationen in ihrer Konkretheit doch nur Varianten einer Figur. Die konkretisierte Situation wird nicht zum Schauplatz wirklichen Handelns, sondern zur Folie der Demonstration einer neuen Variante möglichen Handelns der Romanfigur. Darüber hinaus wird gelegentlich mit der Austauschbarkeit der Figuren gespielt. Das Erzähler-Ich kann an die Stelle von Enderlin

---

[18] Krättli, S. 976.
[19] Klaus Haberkamm, Max Frisch. In: Dietrich Weber (Hg.), Deutsche Literatur seit 1945 in Einzeldarstellungen, Stuttgart ²1970, S. 364–395, hier 378.

treten und umgekehrt. Dies führt zu einem zugleich faszinierenden und irritierenden Vexierspiel mit der Aufgabe, den Helden des Romans ausfindig zu machen; irritierend, weil die in der konkreten Situation deutlich erkennbare Figur doch nicht identifiziert werden kann, faszinierend, weil die Identifizierung durch die Beschreibung gefordert wird. Ist das Ganze deshalb aber mit deutlich pejorativem Akzent „eine etwas gesuchte Spielerei" zu nennen, „ein durch und durch literarischer Trick"[20]?

Eher schon scheint der Hinweis Anton Krättlis zuzutreffen, daß man weniger von einem Roman denn von einem „Denkspiel" beim *Gantenbein* sprechen sollte. Ein Denkspiel sicherlich nicht im Sinne von Spielerei, sondern im Sinne jenes mäeutischen Prinzips der Denkanregung, das die Irritation am Erzählten voraussetzt. Irritation tritt ein, wenn eine Erwartung getäuscht wird. Den Aufbau von Erwartungen leistet im *Gantenbein* das Beschreiben. Die Enttäuschung liegt in der ständigen Relativierung dieser Beschreibung durch die ausdrückliche Kennzeichnung des Beschriebenen als Fiktion, näherhin als Entwurf. Fiktion als Entwurf allein schafft die Irritation noch nicht. Entscheidend ist der Hinweis auf die Fiktion als Fiktion. Sprachlich kleidet sich dies in die Gesten des Potentialis und der Fragen: „So könnte das Ende von Enderlin sein. Oder von Gantenbein? Eher von Enderlin" (8). Das Indifferente der Aussage ist gewollt um der Irritation willen. Auch die stereotype Wendung „ich stelle mir vor" hat hier ihren Platz.

Im Widerspiel von Illusionsschaffung und Irritation, die das im Leser Imaginierte als Illusion in bezug auf die Geschichte entlarvt, hat auch das Prinzip der Varianten seine Funktion. Das gilt aber nur, wenn die Varianten sich als Variationen erweisen lassen, d. h. nicht als beliebige auftreten, sondern als mögliche. Die Ermöglichung von Varianten muß in der Struktur des Erzählens selbst angelegt sein. Schon in dieser durch das Erzählerprinzip gestellten Aufgabe unterscheidet sich der *Gantenbein* von dem ihm thematisch verwandten *Stiller*. Insofern ist Marcel Reich-Ranicki zuzustimmen, wenn er in seiner Entgegnung auf Hans Mayers Rezension schreibt: „Wer diesem Buch mit Kategorien beizukommen sucht, die aus den früheren Romanen Frischs, zumal aus dem *Stiller*, abgeleitet sind, verkennt seinen Gegenstand, seine Eigenart, sein Klima ... In seinen früheren Romanen wollte Frisch in der Regel etwas verkünden, etwas beweisen, etwas widerlegen. In *Gantenbein* will er nichts verkünden, nichts

---

[20] Manthey, S. 280.

beweisen, nichts widerlegen." Die Folgerung, die Reich-Ranicki aus dieser Feststellung zieht, bleibt allerdings ebenso befragbar wie Hans Mayers Vorwurf der Beliebigkeit der Varianten. „Hier werden nicht Erkenntnisse, Thesen und Ideen exemplifiziert, sondern Gefühle, Affekte und Leidenschaften vergegenwärtigt. Liebe, Erfüllung und Trennung, Alltag der Ehe und Ehebruch, Mißtrauen und Eifersucht, Einsamkeit, Sehnsucht und Verzweiflung des verlassenen Mannes, das sind die Motive dieses Buches."[21] Die Eingrenzung auf die Vergegenwärtigung von Gefühlen, Affekten und Leidenschaften, verbunden mit der Aufzählung der Motive des Romans, die sich allerdings ebenso in früheren Romanen Max Frischs aufweisen lassen, verstellt sich unter thematischem Gesichtspunkt wiederum den Zugang zu seiner Eigenart. Denn in der Aufreihung der Motive ließen sich eher die Gemeinsamkeiten mit dem *Stiller* kenntlich machen. Der Blick auf die Motive übersieht allzu leicht die Widersprüche, mit denen der *Gantenbein* den Leser konfrontiert. Diese aber dokumentieren sich vornehmlich in der Erzählhaltung.

Wenn sich einerseits bestätigen läßt, daß der Leser genötigt wird, nach der Geschichte von Gantenbein und Lila zu fragen, andererseits die Beobachtung des Erzählgestus nahelegt, diese Geschichte nur als vorstellbare, als immer wieder abzuändernden Entwurf aufzufassen, vergleichbar der Aufsplitterung in vorstellbare Situationen im zweiten Teil des Romans, so erweist sich die Struktur des Erzählens als die des Widerspruchs. Widersprochen wird ständig der einmal im Erzählten aufgebauten Position. Dem vorgestellten Bild widersetzt sich das Gegenbild, das das Bild nicht mehr nur kontrastiert, sondern negiert. Hier entdecken wir eine grundsätzliche Aporie. Wenn das Erzählprinzip sich im probeweisen Erstellen von Varianten verwirklicht, das Variable also die formale leitmotivsche Verknüpfung ist, die Struktur des Erzählens aber vom Widerspruch bestimmt ist, scheint der Roman sich von diesen beiden Positionen her selbst aufzuheben. Denn die Variante versteht sich als möglicher Aspekt einer Position, der Widerspruch aber negiert die Position. Im Widerspruch hat die Variante keinen Platz. Der Frage ist nicht auszuweichen, wie denn die beiden Prinzipien des Variablen und des Widerspruchs, wenn

---

[21] Marcel Reich-Ranicki, Plädoyer für Max Frisch. Zu dem Roman „Mein Name sei Gantenbein" und Hans Mayers Kritik. In: Die Zeit, 2. 10. 1964; wiederabgedruckt in: M. R.-R., Literatur der kleinen Schritte. Deutsche Schriftsteller heute, München 1967, S. 79–89, hier 82, 87.

sie sich im Roman durchhalten, zu vereinbaren sind. Der Hinweis auf die nun ins Grundsätzliche gehobene Widersprüchlichkeit in dem Sinne, daß der Widerspruch sich als Widerspruch selbst im Roman darstelle, reicht nicht aus. Die auf diese grundsätzliche Ebene gehobene Widersprüchlichkeit des Erzählens würde dieses selbst unmöglich machen. Keineswegs wären Varianten als Variationen möglich.

Die Lösung, die Max Frisch für dieses Problem im *Gantenbein* anbietet, ist ebenso überraschend wie unbefriedigend. Er verlagert nämlich das Problem auf die Ebene der Erzählperspektive. Unbefriedigend ist die Lösung wegen dieser Verlagerung, die eine Antwort auf die grundsätzliche Fragestellung ausschließt, überraschend ist die Lösung, weil durch eben diese Verlagerung das Problem als solches im Erzählen selbst erst sichtbar gemacht und damit im genuinen Bereich des Erzählers Max Frisch aufgegriffen werden kann. Die Erzählperspektive ist die des Möglichkeitssinns. Eine im Roman gegebene Position wird so vorgestellt, daß sie nie als absolute gewertet werden kann. Sie ist immer schon als relativierte vorgestellt, die den Widerspruch auf die Weise ermöglicht, daß sie ihn selbst implizit vorträgt. Dies wird sich zeigen lassen im Aufbau der Figurenkonstellation, in der Aufeinanderfolge der Varianten, in der Konfrontation des Gegenbildes mit dem Bild. Das Gegenbild ist nicht mehr eine neue Position gegen das Vorangegangene, sondern die Ausfaltung und Konkretisierung der im vorangegangenen Bild angelegten Widersprüchlichkeit. So kann nicht mehr das Gegenbild als Variante zum Bild aufgefaßt werden, sondern Gegenbild und Bild erweisen sich gleichermaßen als Varianten der Widersprüchlichkeit. Enderlin ist nicht Gegenfigur zu Gantenbein, sondern Gantenbein und Enderlin sind mögliche Figurationen des im Aufbau der Figur angelegten Widerspruchs. Mit der Erzählperspektive des Möglichkeitssinns schafft sich Max Frisch eine Erzählhaltung, die in der Indifferenz des Erzählten nicht auf Belanglosigkeit zielt, sondern auf Irritation. Freilich bleibt auch hier die Frage nach dem Ziel der Irritation. Denn auch Irrwege hatten und haben ein Ziel. Die Irrwege des *Gantenbein* scheinen in der Tat ins Leere zu verlaufen, wenn Max Frisch am Ende des Romans feststellt: „Alles ist wie nicht geschehen...".

I. Der Einfall und die Geschichten

Fragt man nach der im *Gantenbein* erzählten Geschichte, liegt es nahe, sich der doppelten Reduzierung zu erinnern, die Hans Geulen für die Erzählschichten des *Homo faber* vorgenommen hat.[1] Geulen unterscheidet im Rückgriff auf ein Begriffspaar, das die angelsächsische Literaturwissenschaft für die Strukturierung der Erzählung aufgestellt hat, zwischen der „gegliederten und beziehungsreichen Anordnung" der Geschichte, wie sie im Roman erzählt wird, dem plot, und der „einfachen Chronologie der Geschehnisse", der story. Dabei ist zu beachten, daß die story keineswegs nur das unbearbeitete Material liefert, sondern schon durch ihre Intentionalität auf den plot hin strukturiert ist. Diese Beobachtung führt zu der zweiten Reduzierung auf den „Einfall oder auf das, was ihrem Entdecker an bereits Vorgeprägtem, Erzähltem, Erlebtem zufiel". Läßt sich für den *Homo faber* der Einfall eindeutig bestimmen und aus ihm die Chronologie der Geschehnisse noch leicht ableiten, so stößt dieses Verfahren beim *Gantenbein* auf bemerkenswerte Schwierigkeiten. Die erste Schwierigkeit zeigt sich schon beim Versuch der Rekonstruktion des Einfalls. Denn der Roman läßt mehrere Möglichkeiten zu.

Es kann gesagt werden, daß es sich um die Situation des wegen unbegründeter Eifersucht von seiner Frau verlassenen Mannes handelt, der in einer Art Retrospektive die Stationen, die zu dieser Situation geführt haben, noch einmal durchgeht.[2] Dafür steht signalisierend in der Exposition des Romans das Bild der verlassenen Wohnung: „Ich sitze in einer Wohnung: — meiner Wohnung ... Lang kann's nicht her sein, seit hier gelebt worden ist" (25), ein Bild, das am Ende (487) wieder aufgegriffen

---

[1] Hans Geulen, Max Frischs „Homo faber". Studien und Interpretationen, Berlin 1965, S. 20 ff.
[2] Vgl. Reinhard Baumgart, Othello als Hamlet. In: Der Spiegel, 2. 9. 1964; wiederabgedruckt in: Thomas Beckermann (Hg.), Über Max Frisch, Frankfurt/M. ⁴1973 (= edition suhrkamp 404), S. 192-197; Reich-Ranicki, S. 82 f.; Jutta Birmele, Anmerkungen zu Max Frischs Roman „Mein Name sei Gantenbein". In: Monatshefte 60 (1968), S. 167-173; wiederabgedruckt in: Albrecht Schau (Hg.), Max Frisch — Beiträge zur Wirkungsgeschichte, Freiburg/ Brsg. 1971 (= Materialien zur deutschen Literatur 2), S. 107-112.

wird, somit als situative Klammer des Romans fungiert. Diese Situation als den „Einfall" zu verstehen, legt Max Frisch insofern nahe, als er sie des öfteren im Ablauf der Erzählung durch eine Art Merksatz erläutert: „Ein Mann hat eine Erfahrung gemacht, jetzt sucht er die Geschichte dazu" (14). Freilich führt schon diese Bemerkung über den situativen Charakter des Tableaus der verlassenen Wohnung auf merkwürdige Weise hinaus. Wird doch das Verhältnis von erlebter Geschichte und Erfahrung umgekehrt. Nicht mehr das Erlebte, das sich als Geschichte erzählen läßt, führt zu einer Erfahrung, sondern für die nicht näher gekennzeichnete Erfahrung wird eine Geschichte gesucht, so als ob die Geschichte das Nachträgliche, die Erfahrung das Vorgängige wäre. Damit wäre die Kennzeichnung der Stationen des Romans als Retrospektive hinfällig. „Man kann nicht leben mit einer Erfahrung, die ohne Geschichte bleibt", wird erweiternd hinzugefügt.

Einmal angenommen, wir hätten in dieser Bemerkung den „Einfall" des Romans, bleibt doch die Frage nach der Umkehrung des Verhältnisses von Erfahrung und Geschichte. Schon 1961 hat Max Frisch in einem Gespräch mit Horst Bienek diese Frage aufgegriffen. „Jeder Mensch (ich spreche jetzt nicht vom Schriftsteller, sondern von seinem Helden), jeder Mensch erfindet sich früher oder später eine Geschichte, die er, oft unter gewaltigen Opfern, für sein Leben hält, oder eine Reihe von Geschichten, die mit Namen und Daten zu belegen sind, so daß an ihrer Wirklichkeit, scheint es, nicht zu zweifeln ist. Trotzdem ist jede Geschichte, meine ich, eine Erfindung und daher auswechselbar. Man könnte mit einer fixen Summe gleicher Vorkommnisse, bloß indem man ihnen eine andere Erfindung seines Ichs zugrundelegt, sieben verschiedene Lebensgeschichten nicht nur erzählen, sondern leben. Das ist unheimlich. Wer es weiß, hat Mühe zu leben. Wer es nicht weiß, und zum Glück wissen es die wenigsten, hat keine Wahl, da er seine Erfindung von sich selbst nicht als solche durchschaut, und seine ganze Kraft dient dazu, Vorkommnisse herbeizuführen, die seine Erfindung bestätigen"[3]. Diese vorweggenommene Erläuterung für die Gantenbein-Situation zeigt, daß Max Frisch in dem Erfahrung und Geschichte konfrontierenden „Merksatz" des Romans eine Verkürzung vorgenommen hat. Es fällt ja jenes Moment der „Vorkommnisse", die im „Werkstattgespräch" als Voraussetzungen für Erfahrung und Geschichte gelten, aus. Auf das Gebiet der „Vorkommnisse" wird

---

[3] Horst Bienek, Werkstattgespräche mit Schriftstellern, München 1962, S. 24 f.

offensichtlich das verlagert, was wir als Erlebnisse zu verstehen gewohnt sind. Zu einem Erlebnis, d. h. hier zur Geschichte, werden im Sinne des Werkstattgesprächs die Vorkommnisse erst durch die Interpretation des Erlebenden. Diese Interpretation aber ist keine nachträgliche, sondern eine vorausschauende mit selektiver Tendenz. Die Interpretation nimmt nämlich nach Max Frisch nicht auf, was kommt, sondern was ihr zukommt. Es werden immer nur jene Vorkommnisse bedeutsam, die in der Selbstinterpretation des erlebenden Ich einen Platz haben können. Alles andere wird nicht als Vorkommnis registriert.

Hier zeigt sich deutlich eine idealistisch gefärbte Grundposition, insofern ja diese These rückführbar ist auf jene Maxime idealistischer Erkenntnistheorie, nach der nur das als das, was es ist, erkannt werden kann, was im Horizont möglicher Erkennbarkeit erscheint. Konkreter und auf unser Problem bezogen heißt das: nur jene Vorkommnisse können als Vorkommnisse erkannt werden, die der Horizont des Ich-Entwurfs ermöglicht. Freilich wird das Problem von Max Frisch weniger erkenntnistheoretisch als psychologisch aufgefaßt. Zudem verschärft er die Aussage, indem er nicht von Selbstinterpretation, sondern von „Erfindung" spricht. „Erfindung" des Ich heißt nichts anderes als Vorstellung, Bild, Projektion des Ich von sich selbst. Diese Projektion, diese Erfindung ist das Entscheidende. Sie besorgt aus einer „fixen Summe gleicher Vokommnisse" die Selektion der bedeutenden Vorkommnisse.

Ähnliche Gedanken hat Max Frisch schon früher, im Tagebuch 1946–1949, im Blick auf das Zufällige geäußert. Dort entzündet sich die Frage an der Beobachtung eines eigentümlichen Phänomens: daß nämlich das für Außenstehende oft sehr Zufällige der Betroffene als Fügung zu erkennen glaubt. Der Zufall scheint eine schicksalträchtige Macht zu besitzen. Um diese Macht des Zufalls zu deuten, wäre es nach Max Frisch nicht nötig, eine höhere Macht anzunehmen. „... es genügte die Vorstellung, daß immer und überall, wo wir leben, alles vorhanden ist: für mich aber, wo immer ich gehe und stehe, ist es nicht das vorhandene Alles, was mein Verhalten bestimmt, sondern das Mögliche, jener Teil des Vorhandenen, den ich sehen und hören kann. An allem übrigen, und wenn es noch so vorhanden ist, leben wir vorbei. Wir haben keine Antenne dafür; jedenfalls jetzt nicht; vielleicht später. Das Verblüffende, das Erregende jedes Zufalls besteht darin, daß wir unser eigenes Gesicht erkennen; der Zufall zeigt mir, wofür ich zur Zeit ein Auge habe, und ich höre, wofür ich eine Antenne habe."[4]

Die Feststellung des „Vorbeilebens", des Mangels der „Antenne" für einen Teil des Vorhandenen gestattet in der Konsequenz jene Aussage von der Vorgängigkeit der Erfahrung. Erfahrung bedeutet im Lichte dieser Feststellung immer Erfahrung von sich selbst, von der vorausgewußten Projektion des Ich. Erfahrung wird nicht aus der erlebten Situation abgeleitet, sondern aus der Selbstinterpretation, um es mit Max Frisch zu sagen: aus der „Erfindung" des Ich. Insofern ist die Erfahrung für die erlebte Geschichte vorgängig. Sie ergibt sich nicht aus einem Vorfall, sondern strukturiert den Horizont des Erlebbaren in der Weise, daß das dann eintretende Erlebnis die Erfahrung, die nur ein Aspekt der Selbstinterpretation des Ich ist, bestätigen kann. Unter dem Gesichtspunkt der Bestätigung erweist sich die scheinbare Nachträglichkeit einer Erfahrung in bezug auf das Erlebnis als Trug. Wenn das Ich Erlebnisse immer nur im Horizont des ihm möglichen Erlebbaren als abgeleitete konkretisierte Modi der Selbstinterpretation haben kann, kann es auch Erfahrungen nur in diesem Horizont machen. „Was wir in Wahrheit haben, sind Erfahrungen, Erlebnismuster. Nicht nur indem wir schreiben, auch indem wir leben, erfinden wir Geschichten, die unser Erlebnismuster ausdrücken, die unsere Erfahrung lesbar machen. Dabei glaube ich, und das ist entscheidend für die Möglichkeit der Darstellung: Erfahrung ist ein Einfall, nicht ein Ergebnis aus Vorfällen. Der Vorfall, ein und derselbe, dient hundert verschiedenen Erfahrungen. Offenbar gibt es kein anderes Mittel, um Erfahrung darzustellen, als das Erzählen von Geschichten: als wären es Geschichten, aus denen unsere Erfahrungen hervorgegangen sind. Es ist umgekehrt. Die Erfahrung erfindet sich ihren Anlaß."[5]

Auch hier stellt sich das Problem von „Wahrheit und Lüge im außermoralischen Sinn". Wenn es zutrifft, daß die „Erfindung" des eigenen Ich die Erfahrungen und Erlebnisse dieses Ich bestimmt, dann sind Erfahrungen durch Aussagen nicht objektivierbar. Die Objektivierbarkeit der Aussage verkennt den aus dem Entwurfcharakter des Ich resultierenden subjektiven Wahrheitsanspruch. Das Ausgesagte ist nur im Rahmen des Entwurfcharakters wahr, d. h. es präsentiert sich als Möglichkeit des Ich, indifferent gegenüber einem objektiven Wahrheitsanspruch. So ist das,

---

[4] Max Frisch, Tagebuch 1946–1949, Frankfurt/M. 1950, S. 463 f.
[5] Werkstattgespräche, S. 26.

was objektiv zufällig erscheint, subjektiv doch notwendig. Die objektivierte Situation eines Romans aber verlangt, wenn sich der Roman wie im Falle des *Gantenbein* diesem Problem stellt, das subjektiv Notwendige als objektiv Zufälliges darzustellen. Hinsichtlich eines dem Roman gestellten Themas wird das Erzählte den Anschein der Vorläufigkeit haben müssen.

Die Kategorie „Vorläufigkeit" ist in diesem Sinne nicht wertend zu gebrauchen. Sie kennzeichnet das Verhältnis der Erzählteile zum Erzählganzen im Spannungsfeld von subjektivem Wahrheitsanspruch und objektiver Romansituation. Die Variante wird zu einer vorläufigen und in jedem Augenblick des Erzählens überholbaren in der objektivierten Situation, weil diese dem subjektiven Wahrheitsanspruch nicht genügen kann. Denn dieser Anspruch ist objektiv nicht faßbar. Es muß also, wenn dem subjektiven Wahrheitsanspruch entsprochen werden soll, eine Form gefunden werden, die das Faßbare der objektivierten Situation aufhebt. Vorläufigkeit ist die Erscheinungsform des erzählten subjektiven Wahrheitsanspruchs in einer objektivierten Situation. Dies kann nur von einem Standpunkt, der das Erzählte als notwendigen Ablauf von Ereignissen versteht, als Indifferenz gewertet werden. Dieser Standpunkt aber übersieht gerade den subjektiven Wahrheitsanspruch. Die Vorläufigkeit wird im Ablauf des Erzählens ständig andere subjektive Wahrheitsansprüche in bezug auf das gestellte Problem geltend machen. Diese immer offengehaltenen Möglichkeiten des Erzählens strukturieren den Roman in negativer Weise. Je mehr sich das Erzählprinzip der ermöglichten Varianten durchsetzt, desto mehr verliert die story an Einsichtigkeit. Dies ist dem Roman leicht zum Vorwurf zu machen, wenn man die „negative Strukturierung" nicht ernst zu nehmen gewillt ist.

Wie eine nachträgliche Rechtfertigung des Erzählprinzips im *Gantenbein* mutet denn auch Max Frischs erneute Reflexion über das Verhältnis von Schicksal und Zufall im Tagebuch 1966–1971 an, in der er nur scheinbar die Position des ersten Tagebuchs aufgibt. „Die Fabel, die den Eindruck zu erwecken sucht, daß sie nur so und nicht anders habe verlaufen können, hat zwar immer etwas Befriedigendes, aber sie bleibt unwahr: sie befriedigt lediglich eine Dramaturgie, die uns als klassisches Erbe belastet: Eine Dramaturgie der Fügung, eine Dramaturgie der Peripethie. Was dieses große Erbe anrichtet nicht nur im literarischen Urteil, sondern sogar im Lebensgefühl: im Grunde erwartet man immer, es komme einmal die klassische Situation, wo meine Entscheidung schlichterdings in

Schicksal mündet, und sie kommt nicht. Es gibt große Auftritte, mag sein, aber keine Peripethie. Tatsächlich sehen wir, wo immer Leben sich abspielt, etwas viel Aufregenderes: es summiert sich aus Handlungen, die zufällig bleiben, es hätte immer auch anders sein können, und es gibt keine Handlung und keine Unterlassung, die für die Zukunft nicht Varianten zuließe. Der einzige Vorfall, der keine Variante mehr zuläßt, ist der Tod. Wird eine Geschichte dadurch exemplarisch, daß ihre Zufälligkeit geleugnet wird? ... Es wäre unsinnig zu glauben, daß der 20. Juli nicht auch hätte gelingen können. Kein Stückschreiber heute könnte als Notwendigkeit verkaufen, daß jene Bombe, richtig gelegt, dann zufälligerweise um einige Meter verschoben, vergeblich krepierte. So war es halt. Und dasselbe gilt für irgendeine Geschichte. Jeder Versuch, ihren Ablauf als den einzigmöglichen darzustellen und sie von daher glaubhaft zu machen, ist belletristisch; es sei denn, man glaube an die Vorsehung und somit (unter anderem) auch an Hitler. Das tue ich aber nicht. So bleibt, damit eine Geschichte trotz ihrer Zufälligkeit überzeugt, nur eine Dramaturgie, die eben die Zufälligkeit akzentuiert-"[6]

Nur scheinbar gibt Max Frisch die Position des Tagebuchs 1946-1949 hinsichtlich des Verhältnisses von Fügung und Zufall auf. Das erste Tagebuch hatte ja das objektiv Zufällige als subjektiv notwendig hingestellt. Hier ist von einer subjektiven Notwendigkeit nicht mehr die Rede. Denn hier wird das Problem nicht psychologisch gefaßt, sondern unter einem wiederum objektivierten Gesichtspunkt, dem des zeitlichen Ablaufs der Ereignisse. Eine ähnlich objektivierte Situation stellt auch die story eines Romans in ihrem Erzählablauf dar. Die Aufeinanderfolge der „Ereignisse" einer Geschichte suggeriert einen zeitlichen Ablauf und unterstellt die Notwendigkeit dieses Ablaufs. Wenn von einem objektivierten Standpunkt aus sich das subjektiv Notwendige als objektiv Zufälliges erweist, wird eine Erzählung, die das Problem ernst nimmt, die Peripetie meiden. Der Entwurfcharakter, das Vorläufige als Kategorie des Möglichen wird vorherrschen.

Die Frage nach dem „Einfall" für die Gantenbein-Geschichte führt uns erneut auf das Problem der Erzählweise, und dies, obwohl die Erzählweise sich bei dieser Frage zunächst nicht aufzudrängen scheint. Freilich ist

---

[6] Max Frisch, Tagebuch 1966-1971, Frankfurt/M. 1972, S. 87 f.; vgl. die Schillerpreis-Rede Max Frischs in: M. F., Öffentlichkeit als Partner, Frankfurt ⁴1972 (= edition suhrkamp 209), S. 90-99.

auch dieser Weg eher als Aporie anzusehen denn als Antwort auf die Frage, zumal sich ja aus der angenommenen Kernsituation des von seiner Frau verlassenen Mannes mit dem erklärenden Begleitsatz von der Vorgängigkeit der Erfahrung gegenüber der Geschichte die story nur für einen partiellen Bereich des Romans ergeben kann. So läßt sich etwa aus dieser Kernsituation nicht jener „literarische Trick" der Blindenrolle des Gantenbein, der bis zum Ende seiner Romanexistenz durchgehalten wird, ableiten. Es wäre im Gegenteil zu fragen, ob nicht gerade in dieser von Gantenbein eingenommenen Existenzweise der Einfall für den Roman zu finden ist. Max Frisch selbst gibt für diese Annahme einen Hinweis. Kurz nach Erscheinen des Buches beschreibt er in der Jahresschau des Suhrkampverlages in einem fingierten Gespräch den Anlaß für die Gantenbein-Geschichte.[7] Es ist das Erlebnis jenes durch Glatteis verursachten Autounfalls, das als Entwurf einer Geschichte in die Exposition des Romans aufgenommen worden ist (29 ff.). Aus diesem persönlichen Erlebnis leitet sich für Max Frisch die Idee für den Roman ab. „Am Abend spät, als ich mit zwei neuen Rädern langsam weiterfahren konnte, stellte ich mir vor: ein Mann hat einen Verkehrsunfall wegen Glatteis, Scherben in den Augen, und eines Tages wird ihm der Verband abgenommen, und er sieht, daß er sieht, aber er sagt es nicht, ein Mann, der fortan den Blinden spielt. Es regnete jetzt in Strömen, ich mußte etwas gegen die Langeweile unternehmen, gegen diese Langeweile mit pendelnden Scheibenwischern, und stellte mir vor, was sich aus einem solchen Blindenspiel ergeben könnte. So war das, glaube ich, mit der Idee. Oder so hätte es sein können." Wenn auch der letzte mit dem einschränkenden „oder" eingeleitete Satz die Aussage zu relativieren versucht, indem Max Frisch für sich selbst die Gantenbein-Situation der Unentschiedenheit reproduziert, legt doch die vorangegangene Schilderung der Situation die Eindeutigkeit der Aussage nahe.[8] Als Einfall für den Roman wäre danach die Situation

---

[7] Max Frisch, Ich schreibe für Leser. Antworten auf vorgestellte Fragen. In: Dichten und Trachten 24, 2. Halbjahr 1964, S. 7–23.
[8] Indem Max Frisch in diesem fingierten Gespräch, das doch „Antworten auf vorgestellte Fragen" geben will, versucht, für sich die Gantenbein-Situation der Unentschiedenheit zu reproduzieren, zeigt sich deren Grenze. Der die Bemerkung beschließende Satz will im Sinne des Gantenbein-Romans die zuvor gemachte Aussage relativieren. Diese Relativierung aber ist eine nachträgliche. Sie erscheint deshalb nicht überzeugend, weil die zuvor gemachte Aussage — sich als eindeutig präsentierend — die Möglichkeit der Relativierung nicht in sich trug. Es zeigt sich, daß das im *Gantenbein* artistisch gehandhabte Verfahren nicht ohne weiteres auf diskursives Sprechen zu übertragen ist.

Gantenbeins als Sehender, der der Welt vorgibt, nicht zu sehen, zu bestimmen. Aus diesem Einfall läßt sich in der Tat ein Gerüst für die Erzählung ableiten. Freilich ist dieses Gerüst bezeichnenderweise kaum in einer chronologischen Abfolge festzumachen. Allenfalls bleiben Jahreszeiten als Hinweise, vor allem der immer wieder fast leitmotivisch verwendete Herbstnachmittag. Auch die Anspielung auf den algerischen Befreiungskrieg (33) hat nicht die Funktion einer chronologischen Orientierung. Sie verwirrt eher, insofern sie die Zeit der Abfassung des Romans mit der seiner „Geschichte" identifiziert. Überdies sind die Berichte aus Algier „einer veralteten Zeitung" entnommen. Die Frage der Chronologie der Ereignisse stößt einmal wegen der bewußten Handlungsarmut der Geschichten, zum andern wegen des ständig suggerierten Entwurfcharakters des Erzählten auf Schwierigkeiten.

Gantenbein kauft sich nach dem Unfall eine Blindenbrille. Beim ersten Ausgang beinahe von einem Sportwagen überfahren, lernt er dessen Besitzerin kennen, Camilla Huber, eine Kokotte, die er dann des öfteren besucht, um sich von ihr Manicure machen zu lassen. Sie spielt ihm ihre Rolle, wie er ihr die seine. Beide lassen sich ihre Rollen, obwohl jeder, wie sich am Schluß herausstellt, um das Rollenspiel des anderen weiß. Das Gespräch der beiden besteht zum großen Teil aus Geschichten, die Gantenbein erzählt, und deren kurzer Kommentierung durch Camilla Huber. Die Bekanntschaft endet, als Camilla sich entschließt zu heiraten. Es kommt freilich nicht dazu. Sie wird von einem eifersüchtigen Verehrer ermordet. „Eine bekannte Persönlichkeit des öffentlichen Lebens" wird — zu unrecht, wie nur Gantenbein weiß — angeklagt und verurteilt. Gantenbein als Zeuge vor Gericht kennt die Wahrheit, kann sie aber nicht entdecken, da er seine Blindenrolle aufgeben müßte.

Dies der eine Strang der Erzählung. Ein anderer ergibt sich ebenso zwanglos aus dem „Einfall" des sehenden Blinden: Gantenbeins Ehe mit Lila; „mein Leben mit einer großen Schauspielerin, die ich liebe und daher glauben lasse, ich sei blind; unser Glück infolgedessen" (124). Dieses Glück erweist sich als höchst fragwürdig, da Gantenbeins Situation als Ehemann von seiner Eifersucht bestimmt ist. Um des Glückes mit Lila willen übersieht er die Begebenheiten, die Anlaß für seine Eifersucht sind. Die Geschichte entfaltet sich in der Aufzählung scheinbar beliebig aneinandergereihter Momentaufnahmen des Verhältnisses der beiden. Eine story ist jeweils nur punktuell auszumachen: Gantenbein im Haushalt, auf Gesellschaften, am Flughafen, wenn er Lila nach einer Tournee zurückerwartet.

Das immer wiederkehrende Motiv der Eifersucht wird auf artistische Weise mit dem der Blindenrolle verknüpft. Gantenbein sieht, was er zu sehen erwartet. Ein Student namens „Einhorn" spielt seine mysteriöse Rolle als Gegenstand der Eifersucht. Der Versuch, Lila durch das Auffinden der Briefe eines „Dänen" zu überführen, scheitert, da Gantenbein feststellen muß, daß er seine eigenen an Lila geschriebenen Briefe in der Hand hält. Eine auf eine Chronologie festlegbare Geschichte ist hier von vornherein abgewehrt, sie wird im zweiten Teil des Romans dadurch verunmöglicht, daß die punktuellen Situationen schon in der Beschreibung als mögliche vorgestellt werden. Lila kann Status und Beruf wechseln. Auch die Annahme, daß die beiden ein gemeinsames Kind haben, bleibt Vorstellung. Gantenbein als Vater ist mögliche Variante, auch das Verhältnis zu Lila ist immer wieder revidierbar. Die Geschichte endet in dem Moment, als Gantenbein die Blindrolle aufgibt. Es zeigt sich, daß sein Sehen ihn betrogen hat. „Kein Herr hilf am Zoll" (482), das heißt: es gab keinen Grund für die Eifersucht. Der vermeintlich von Lila betrogene Gantenbein muß sich als von seiner Rolle selbst betrogener Betrüger erkennen. Lila verläßt ihn.

Diese beiden aus dem Einfall der Blindenrolle gewonnenen Stränge der Geschichte aber decken keineswegs die Erzählung ab. Sie verkürzt sich unter diesem Gesichtspunkt auf die Darstellung der beiden Verhältnisse Lila — Gantenbein, Gantenbein — Camilla Huber. Im Blick auf Enderlin müßte von einem anderen Einfall gesprochen werden, von dem Einfall nämlich, daß ein Mann, der nach einer Operation aufgrund eines Mißverständnisses glaubt, nur noch ein Jahr Lebenserwartung zu haben, versucht, mit dieser Situation fertig zu werden. Auch dieser Einfall gestattet möglicherweise eine wenn auch handlungsarme story. Sie wird zunächst nur äußerlich mit der Gantenbein-Geschichte durch ein Gespräch verknüpft, in dem Gantenbein Camilla Huber von dem Verhältnis Enderlins zu seiner Frau Lila berichtet (175 ff.). Enderlin hat mit 41 Jahren aufgrund einer Arbeit über die Hermes-Gestalt in der Mythologie einen Ruf nach Harvard erhalten. Angesichts seines erwarteten nahen Todes weiß er sich nicht zu entscheiden. Er versucht, die Entscheidung hinauszuzögern, bis sich nach einem Jahr die Falschheit der Prognose herausstellt. Das Fest anläßlich dieses „Jahrestages" bringt Enderlin die Erkenntnis, daß er sich auch in Zukunft nicht wird einrichten können. Angesichts seines nahen Todes erschien ihm die Annahme des Rufes wie das Übernehmen einer Rolle. Diese Situation ist durch die zeitliche Ausdehnung nicht verändert. Auch das nun zu übernehmende Altern vollzieht sich im Angesicht des Todes. Das Bedrängende der Zeit, ihr Charakter des Absterbens wird durch ihre Verlängerung nicht überwunden. Im Blick auf diesen Todescharakter der Zeit bleibt die Übernahme eines Amtes die Übernahme einer Rolle. Die Erfahrung aber, die Enderlin in dem ihm gestundeten Jahr gemacht hat, gestattet keine Rollenexistenz mehr. „Enderlin kann keine Rolle spielen" (182). Dem Versuch, das Bedrängende der Zeit in der Liebe zu überwinden, gilt die Begegnung mit Lila. Aber auch dieser Versuch scheitert. Die Begegnung ist nicht absolut, sie ist wiederholbar. Die Zeit verschafft sich ihr Recht. Der Rolle ist nicht zu entweichen.

In dem Motiv der Rollenexistenz finden die beiden Geschichten Gantenbeins und Enderlins ihre innere Verknüpfung. Dabei wird Enderlin zu einer Art Kontrastfigur zu Gantenbein. Während Gantenbein existiert, solange er die Rolle durchhält, erkennt Enderlin die Rollenexistenz als Unwahrheit und versucht, sich ihr zu entziehen. So scheint der den Roman inaugurierende Gedanke weniger ein auf eine story ausweitbarer Einfall zu sein als vielmehr eine Erkenntnis und eine aus ihr abgeleitete Frage. Die Erkenntnis hat Max Frisch im „Werkstattgespräch" mit Horst Bienek ausgesprochen: „natürlich ist das Erzähler-Ich nie mein privates Ich, natürlich nicht, aber vielleicht muß man schon Schriftsteller sein, um zu wissen, daß jedes Ich, das sich ausspricht, eine Rolle ist. Immer. Auch im Leben"[9]. Die sich daraus ableitende Frage lautet: „Ist eine Existenz als Rolle angesichts des Todes möglich?" Bezeichnenderweise verstummt Enderlin im Roman, als er sich in der Weigerung, eine Rolle zu spielen, mit dem Altern abfindet. „Ich habe Enderlin aufgegeben." (248) Aber auch Gantenbein wird aufgegeben, als er seine Blindenrolle ablegt. Offensichtlich verliert der Erzähler mit der Aufgabe der Rolle das Interesse an den Figuren.

Was sich bisher noch wie der mögliche Zusammenhalt einer Erzählung ausgibt, wird vollends fragwürdig, wenn man berücksichtigt, daß es ja noch die Geschichte einer dritten Person im Verhältnis zu Lila gibt, die Geschichte Svobodas. Ist sie noch leicht mit der Enderlin-Geschichte zu verknüpfen, so scheint die Verknüpfung für die Gantenbein-Geschichte nur schwer zu gelingen. Svoboda tritt in dem Moment in den Vordergrund der Erzählung, als Enderlin vom Erzähler aufgegeben ist und Gantenbein

---

[9] Werkstattgespräche, S. 24.

seine Blindenrolle gegenüber Lila verläßt. Dies ist deshalb bemerkenswert, weil mit Svoboda eine Figur vorgeführt wird, für die sich das Problem der Rollenexistenz nicht mehr stellt. Freilich wird es noch aus der Perspektive des Icherzählers an ihn herangetragen, für seine Person aber bleibt das Problem irrelevant. Es werden an ihm Möglichkeiten der Reaktionen eines von seiner Frau betrogenen Mannes durchgespielt. Seine Geschichte ist ebenso handlungsarm wie die der anderen Figuren des Romans. Frantisek Svoboda, „ein baumlanger Böhme, aber mit sanfter Stimme" (348), Architekt, ist mit Lila verheiratet. Eine Verabredung mit Enderlin in Zürich kann er wegen einer Londonreise, die ihn länger als erwartet aufhält, nicht einhalten. Lila kommt, um ihren Mann zu entschuldigen, in die Bar, in der Enderlin wartet. Aus dem Gespräch der beiden ergibt sich eine vage Verabredung für den Abend. Es kommt zu der gemeinsamen Nacht. Im folgenden entfaltet sich zunächst die Gantenbein-, dann die Enderlin-Geschichte, bis im zweiten Teil des Romans der Faden wieder aufgegriffen wird. Lila berichtet Svoboda von ihrem Verhältnis zu Enderlin. Mögliche Reaktionen des betrogenen Ehemannes werden vorgestellt. Eine von Svoboda gewünschte Begegnung zwischen ihm und Enderlin verläuft ergebnislos.

Versteht man die Figuren des Romans als handelnde Personen, ist die gleichzeitige Ehe Lilas mit Gantenbein und Svoboda einigermaßen überraschend. Den Versuch einer Erklärung hat Doris Fulda-Merrifield gegeben, indem sie Enderlin als Hauptperson des Romans bestimmt, der sich eine mögliche Ehe mit Lila, der Frau Svobodas, mit der ihn eine kurze, aber intensive Bekanntschaft verbindet, unter dem Namen Gantenbein vorstellt.[10] So wäre die Logik der Geschichte wiederhergestellt. Gantenbein existierte nicht als wirkliche Romanfigur, sondern als vorgestellte Enderlins. So einleuchtend diese Erklärung auf der psychologischen Ebene ist, verkennt sie doch, daß auch Enderlin in das Spiel der Möglichkeiten einbezogen ist. Auch er ist nicht „wirkliche" Romanfigur, sondern vorgestellte. Als er namentlich mit Alter und Beruf eingeführt wird, steht auch diese Einführung unter der Perspektive des Möglichkeitssinns. „Ich stelle mir vor: Enderlin Felix, Dr. phil., im Alter von 41 Jahren, 11 Monaten und 17 Tagen und mit Lebenserwartung 1 Jahr . . ." (216). Nicht nur Ganten-

---

[10] Doris Fulda-Merrifield, Max Frischs „Mein Name sei Gantenbein": Versuch einer Strukturanalyse. In: Monatshefte 60 (1968), S. 155–166; wiederabgedruckt in: Max Frisch — Beiträge zur Wirkungsgeschichte, S. 162–171.

bein ist mögliche Existenz, auch Enderlin. Keine der Figuren des Romans besitzt Eigenständigkeit. Sie sind abhängig von Vorstellungen und fungieren als Verkörperungen möglicher Entwürfe. Hinzu kommt, daß die Möglichkeit der Erweiterung des Figurenarsenals offen gehalten wird. Auch Siebenhagen könnte in den Kreis der Liebhaber Lilas aufgenommen werden.

Max Frisch selbst gibt einen anderen Hinweis, wenn er von einem „Buch-Ich" spricht, das alle jene Vorstellungen entwirft, die zu Figurationen im Roman werden. „Ich erinnere mich noch, wie ich ganz zu Anfang, als ein junger Freund mich fragte, mein Vorhaben erläutert habe: die Wirklichkeit einer Person zu zeigen, indem sie als weißer Fleck erscheint, umrissen durch die Summe der Fiktionen, die dieser Person möglich sind. Und dieser Umriß, so meinte ich, wäre präziser als jede Biographie, die, wie wir wissen, auf Mutmaßungen beruht. Wenn Sie so wollen, ein negatives Verfahren. Es wird nicht erforscht, was dort und dann geschehen ist. Das ist's, was Sie vermissen, ich verstehe. Es wird nicht erzählt, als lasse sich eine Person durch ihr faktisches Verhalten zeichnen; sie verrate sich in ihren Fiktionen. Eine dieser Fiktionen, die das Buch-Ich sich zum Ausdruck seiner Erfahrung macht, ist das Blindenspiel von Gantenbein."[11] Die Fiktionen des Romans, die die Figuren einschließen, sind Ausdruck der Erfahrung des Buch-Ich. Dieses Buch-Ich aber entzieht sich selbst der Darstellung. Andernfalls wäre das Spiel der Varianten aufzugeben. Es wäre die Geschichte einer Person zu erzählen, die für ihre Erfahrung Fiktionen entwirft. Als so entwerfende Figur im Roman müßte sie eine Geschichte haben, müßte sie greifbar werden. Das Erzählprinzip der Varianten wäre aufgehoben, da eine Person nicht als Variante ihrer selbst erscheinen kann. Der „weiße Fleck", von dem Max Frisch spricht, ist die notwendige Voraussetzung für eine „Dramaturgie der Permutation"[12] im literarischen Genus des Romans.

---

[11] Ich schreibe für Leser, S. 10 f. Noch in der autobiographischen Skizze *Montauk* (Frankfurt/M. 1975) versucht Max Frisch, diese Fiktion aufrecht zu erhalten, indem er auf der einen Seite die erzählte Gegenwart der kurzen Zeit mit Lynn mittels der Er-Erzählung verobjektiviert, auf der anderen Seite durch den mit dem „Helden" der Erzählung identischen Ich-Erzähler, dem im übrigen die Passagen der autobiographischen Erinnerung vorbehalten bleiben, kommentieren läßt. Auch hier spaltet sich das „Buch-Ich" auf in seine Rolle der Gegenwärtigkeit und in das mit der Erinnerung übereinstimmende Ich.

[12] Vgl. zum Terminus und zur Theorie bei Max Frisch: Albrecht Schau, Max Frisch — Dichtung der Permutation. In: Max Frisch — Beiträge zur Wirkungsgeschichte, S. 353–356; Heinrich Geisser, Die Entstehung von Max Frischs Dramaturgie der Permutation, Bern

Mit dieser Erklärung greift Max Frisch wiederum auf eine Position des ersten Tagebuchs zurück, in der er eher resignativ die Unmöglichkeit, das Eigentliche der Aussage zu Wort bringen zu können, konstatiert. Der Schriftsteller ist ständig auf dem Weg, „das Weiße zwischen den Worten" zu formulieren. Er scheitert immer wieder an diesem Unsagbaren. „Man gibt Aussagen, die nie unser eigentliches Erlebnis enthalten, das unsagbar bleibt; sie können es nur umgrenzen, möglichst nahe und genau, das Eigentliche, das Unsagbare, erscheint bestenfalls als Spannung zwischen diesen Aussagen."[13] Mit dem *Gantenbein* versucht Max Frisch, diese Position konsequent zu verwirklichen. Wenn das Unsagbare unsagbar bleibt, wenn die Worte es nie erreichen, da es sich, angesprochen, immer schon zurückgezogen hat, ist es nötig, die Bewegung umzukehren, nicht auf das Unsagbare zuzugehen, sondern vom Unsagbaren auszugehen. „Der weiße Fleck" wird zur Mitte der Erzählung, nicht um ihn mit Worten auszufüllen, sondern um ihn im Spannungszustand der Worte sichtbar werden zu lassen, aber nicht als das Benannte, sondern als das umschriebene Unnennbare. Das bewußte Aufgreifen des „weißen Flecks" als Mitte der Erzählung bedeutet für die Figurenkonstellation des *Gantenbein* die Konstruktion eines „Buch-Ich", das nicht selbst, sondern nur in seinen Umschreibungen im Roman erscheint. Der Orientierungspunkt für die Erzählung ist deshalb nicht greifbar, wenngleich er anwesend ist. Seine Anwesenheit aber kann sich nicht in einer Figur konkretisieren.[14]

Hier nun entdeckt sich der Grund für unser Scheitern bei der Frage nach der story des Romans. Die story hebt ab auf das aufeinanderfolgende Erzählen einer Chronologie von im plot verstreuten Ereignissen. Sie orientiert sich an der Geschichte einer oder mehrerer Figuren

---

und Stuttgart 1973 (= Sprache und Dichtung N. F. 21); Horst Steinmetz, Max Frisch: Tagebuch, Drama, Roman, Göttingen 1973 (= Kleine Vandenhoeck-Reihe 379), S. 69 ff.

[13] Tagebuch 1946–1949, S. 42.

[14] Es liegt nahe, alle Ich-Aussagen des Romans — und damit die gesamte Exposition bis zur ersten Nennung des Titels (36) — als Aussagen des Buch-Ich zu verstehen, von denen die Enderlin- und Gantenbein-Geschichte abzuheben sei. Diese klare Trennung der Buch-Ich-, Enderlin- und Gantenbein-Passagen erweist sich spätestens dann als trügerisch, wenn sich herausstellt, daß die auf diese Weise dem Buch-Ich zuzusprechenden Erfahrungen nichts anderes als Situationen Enderlins und Gantenbeins beschreiben. Denn die verlassene Wohnung ist nicht nur der Ausgangspunkt für den Roman und damit für das Buch-Ich, sie ist zugleich der Endpunkt von Gantenbeins Geschichte mit Lila. Und des Buch-Ich Traumvision im Krankenhaus (14 ff.) findet nicht nur ihre Prallele in Enderlins Krankenhaussituation, sondern ist identisch mit ihr (vgl. 230 ff.).

als handelnder Personen. Das bewußte Aussparen dieses Orientierungspunktes im Erzählten ermöglicht Max Frisch das Erzählprinzip der Varianten. Es nötigt zugleich zu einer Besinnung auf die Strukturierung des plot. Diese nämlich ergibt sich aus dem Spannungsverhältnis zwischen der in der story angelegten Problematik und deren Darstellungsmöglichkeiten im metaphorischen Bereich der Sprache. Fällt die story aus, stellt sich das Problem der Strukturierung des plot für den Erzähler neu. Max Frisch läßt uns auch hier nicht im Stich. In den schon öfter zitierten „Antworten auf vorgestellte Fragen" sieht er sehr wohl die Schwierigkeiten des *Gantenbein*, insofern der Buchablauf zu leicht die Erwartung eines Handlungsablaufs nahelegt. Fiktionen aber laufen nicht „kalendarisch", sondern „assoziativ" ab. In dieser Gegenüberstellung kann „assoziativ" nicht „beliebig" heißen. Denn im Erzählgefüge des Romans sind die Assoziationen durch ihre kompositionelle Funktionalität gebunden. In diesem Funktionszusammenhang gibt es eine „Zwangsläufigkeit" der Assoziationen. „Wann das Buch-Ich einmal in Jerusalem gewesen ist, spielt keine Rolle; es ist in Jerusalem gewesen. Manchmal denkt es daran, manchmal nicht. Wann denkt es daran? Nicht daß einer in Jerusalem gewesen ist, sondern wann er davon spricht, oder mit einem andern Beispiel: nicht daß diese oder jene Gantenbein-Episode erfunden wird, sondern wann, das ist es, was etwas aussagt, was die Person abbildet als Bewegung zu sich selbst. Das Vorhaben ist klar, das Problem aber, die Zwangsläufigkeit von Assoziationen auf den Leser zu übertragen."[15] Den Ablauf einer Erzählung als einen notwendigen erscheinen zu lassen, wäre Aufgabe der story. Eine story **aber** steht nicht mehr zur Verfügung. Zur Verfügung steht das Erzählen in seinem artistischen Vermögen, das Konstruieren der Komposition als einer strukturell notwendigen, wenn auch ohne Geschichte. Damit tritt ein Moment der Formalisierung ein. Das Artistische im Erzählvorgang wird dominant, denn es muß die Aufgabe der story übernehmen, Zusammenhänge herzustellen und als notwendige darzustellen. Das Entlassen der story als Orientierungspunkt für das Erzählte nötigt zu einer kompositionellen Strenge, die nun gerade dem Prinzip der Varianten zu widersprechen scheint. Wie verknüpft sich die Erzählperspektive des Möglichkeitssinns mit der aus der Notwendigkeit der „Zwangsläufigkeit von Assoziationen" abgeleiteten Forderung nach kompositioneller Strenge?

[15] Ich schreibe für Leser, S. 17 f.

Was schon in der Einleitung angesprochen wurde, wird hier vollends deutlich: Das Erzählprinzip der Varianten kann nicht auf Beliebigkeit tendieren, sondern auf Variation. Die Variation aber wird erst dann über ihren thematischen Bezug hinaus bedeutend, wenn sie im kontextualen Zusammenhang die ihr zukommende Stelle einnimmt. Auch der Stellenwert der Variante ist nicht beliebig. Er erst sichert den storylosen plot vor dem Zerfließen in beliebig Assoziierbares ab. Auf diese Weise verbürgt das artistische Moment, aber auch nur dieses, den Zusammenhalt der Erzählung. Im Roman selbst gibt es dafür einen entscheidenden Hinweis. Lila in der Rolle der Baucis berichtet ihrem Philemon Gantenbein von einem „stilistisch ganz außerordentlichen" Film. „,Ein Film', sagt sie, ,der überhaupt keine story hat, verstehst du, das einzige Ereignis ist sozusagen die Kamera selbst, es geschieht überhaupt nichts, verstehst du, nur die Bewegung der Kamera, verstehst du, die Zusammenhänge, die die Kamera herstellt —'" (282). Trotz der eindringlichen Aufforderung hat Gantenbein nicht verstanden. Auch Lila hat den Film nicht gesehen, sondern nur davon gelesen. Der Hinweis für den Leser aber bleibt. Das Fehlen der story muß kompensiert werden durch den Zusammenhang, den die Kamera herstellt. Der Orientierungspunkt für den Zusammenhang ist nicht mehr eine Geschichte, sondern das Erzählen selbst. Zwangsläufigkeit in der Sichtweise des Erzählers, subjektive Notwendigkeit des Assoziativen verbürgt die Einheit im Spiel der Varianten: Nicht daß jemand in Jerusalem war, wird wichtig, sondern an welcher Stelle des Romans er davon spricht.

Max Frisch spricht von Jerusalem in der Mitte des Romans. Vorangestellt ist die Schilderung von Enderlins Krankenhausaufenthalt mit der für ihn entscheidenden Erfahrung, nur noch ein Jahr Lebenserwartung zu haben, nachgestellt die Schilderung des Festes, das Enderlin ein Jahr nach jenem Krankenhausaufenthalt gibt aufgrund der Gewißheit weiterzuleben. Die Jerusalem-Episode erweist sich als Achse, an der die Enderlin-Geschichte umschlägt. Nicht nur sie schlägt um, auch die Gantenbein-Geschichte. Nach dieser Episode nämlich versucht Gantenbein seine Blindenrolle aufzugeben. Jerusalem steht wie eine Grenze in der Mitte des Romans. Jenseits dieser Grenze ist für die Figuren nichts mehr so, wie es diesseits war.

Die von der Achsenfunktion der Jerusalem-Episode ableitbare spiegelbildliche Anlage des Romans bestätigt sich allerdings nur in formaler Weise. Sie wird zudem auf verschiedenen Ebenen ständig durchbrochen.

Diese Durchbrechung dient einmal der Kontrastierung des ersten Teils durch den zweiten Teil des Romans, zum andern der Aufhebung eines allzu schematisch gehandhabten spiegelbildlichen Aufbaus. Schon die erste jener in den zweiten Teil eingestreuten Geschichten, die Gantenbein Camilla Huber erzählt, die Geschichte von Ali und Alil, kann beides verdeutlichen und darüber hinaus die Achsenfunktion der Jerusalem-Episode unterstreichen. Die Ali-Geschichte ist nämlich mehr als ein „Gantenbein in nuce"[16], sie ist zugleich die Kontrafaktur des Romans. Übertragen ins Märchenhafte verwirklicht sie die Möglichkeiten Gantenbeins auf eine „tröstliche" Weise. Hier ist das Erzählen konsequent. Die Geschichte hat eine Handlung. Sie kennt keine Variation, sie kennt nur ihre Verwirklichung. Darüber hinaus bietet sie als Geschichte der Fügung die Lösung für Gantenbeins Problem der zufälligen Entwürfe. Der Kontrast wird dominant. Während Gantenbeins Geschichte ins Sinnlose verläuft, ist das Märchen von Ali und Alil eine Geschichte, die „in Sinn aufgeht, eine tröstliche" (248). Deshalb kann sie „eine wahre Geschichte" genannt werden (253). Unmittelbar nach der Jerusalem-Episode also erfährt der *Gantenbein* seine „tröstliche" Entsprechung, ein Spiegelbild, das ein Gegenbild entwirft. Zugleich aber kontrastiert die Ali-Alil-Geschichte mit der letzten im ersten Teil des Romans Camilla Huber erzählten Geschichte vom Botschafter (182 f.). In beiden Fällen handelt es sich um das Thema der Rollenexistenz. Der Botschafter wählt und übernimmt die ihm von der Umwelt zugesprochene Rolle schließlich trotz besserer Einsicht und erreicht seine Identität nicht. Er bleibt mit vollem Bewußtsein der Rollenexistenz verhaftet. Alil übernimmt eine ihr nicht zugeschriebene Rolle und kann auf diese Weise die Identität in ihrem Verhältnis zu Ali wahren. Der Roman, einmal unter diesem kompositionellen Gesichtspunkt gesehen, entdeckt eine Reihe von Entsprechungen und Wiederholungen. Diese haben ihren Funktionszusammenhang im kompositionellen Gefüge. Darüber hinaus kann die Wiederholung zum kontrastiven Gegenbild werden, die Entsprechung zum Widerspruch.

Noch an zwei anderen Stellen des Romans wird Jerusalem erwähnt, eingangs im Anschluß an das Bild vom Pferdekopf (15) und am Schluß in dem Gespräch des Buch-Ich mit Svoboda (401). An beiden Stellen kann die Erwähnung nur im funktionalen Zusammenhang der Komposition Bedeutung haben. Sie läßt sich nämlich weder aus der Bildsituation noch

---

[16] Kraft, Studien, S. 39.

aus der Gesprächssituation erklären. Das eingangs vorangestellte Bild des Pferdekopfes voll Todesangst, der aus dem Felsen herauszukommen versucht, kann durch die es abschließende Bemerkung „im Tal, tief unten, eine ferne Straße, Kurven voll bunter Autos, die alle nach Jerusalem rollen (ich weiß nicht, woher ich das weiß!)" nicht erläutert, aber auch nicht erweitert werden. Sie bleibt dem Bildzusammenhang fremd, was der Erzähler ausdrücklich durch den Klammerzusatz vermerkt. Ihre Funktion hat sie in der Anbindung des Bildes vom Pferdekopf an die Jerusalem-Stelle in der Mitte des Romans. Diese Beobachtung legt nahe, das Bild nicht für sich, sondern in Auseinandersetzung mit dem Jerusalem-Erlebnis zu interpretieren. Auch in dem Gespräch zwischen Buch-Ich und Svoboda kommt die Erwähnung Jerusalems unvermittelt und findet keinen Widerhall als den der Rückerinnerung an die Mitte des Romans.

Die dreimalige Nennung Jerusalems am Anfang, in der Mitte und am Schluß des Romans unterstreicht den Spiegelcharakter des Aufbaus und weist zugleich auf die kompositionelle Abhängigkeit der einzelnen mit der wiederholten Nennung verknüpften Teile hin. Damit nicht genug. Die Kontrastierung in der Wiederholung qualifiziert das wiederholte Bild als Gegenbild, gelegentlich als Negation des Bildes. Auch die Metapher vom Morgengrauen wird dreimal angeführt. Zuerst in der Exposition (14 f.), dann kurz vor, schließlich kurz nach der Jerusalem-Episode (238, 243). An der letzten Stelle wird sie nur zitiert, um ihre Bedeutungslosigkeit für den zweiten Teil zu signalisieren: „Also altern! Morgengrauen — aber ohne Pferdekopf — Grauen — aber ohne Schrei —". Die Wiederholung wird zur Negation. Die Negation weist in der Erinnerung die Bedeutungslosigkeit des Bildes für das Kommende auf. Diese Art der Zurücknahme einer Metapher, die die Problemschicht des Romans verdichtet, liefe auf eine absolute Relativierung des im ersten Teil Erzählten durch den zweiten Teil hinaus, könnte nicht im Jerusalem-Erlebnis jene entscheidende Erkenntnis für den Roman namhaft gemacht werden, die das Gegenbild als Negation des Bildes gestattet, ja fordert. Der formale Gesichtspunkt des Kompositionellen allerdings genügt schon, um die Bedeutung der Jerusalem-Episode zu erkennen. Dabei fällt zugleich auf, daß in dieser Engführung des Mittelteils durch Wiederholung oder durch assoziative Veränderung an den Anfang des Romans erinnert wird. Wiederholt werden Bildkomplexe, leicht verändert treten die gleichen Situationen wieder auf. Da ist zunächst die Eingangsmetapher vom Morgengrauen, die in der Exposition auf die Reflexion über das Verhältnis von Erfahrung und

Geschichte folgt und im Mittelteil unmittelbar vor der Jerusalem-Episode ihren Platz bekommt. Auch die Wiederholung bleibt nicht — zumindest syntaktisch — von der Umkehrung ausgeschlossen: Steht in der Exposition die Metapher vom Morgengrauen zu Anfang der geschilderten Krankenhaussituation, findet sie im Mittelteil des Romans ihre Stelle am Ende der Schilderung von Enderlins Krankenhausaufenthalt. Die formale Spielerei entdeckt ihren Sinn, wenn wir ihren Stellenwert genau beachten. Als letztes Bild vor Jerusalem schließt diese Metapher den ersten Teil des Romans ab, wie sie in ihn einführte. Nach Jerusalem wird es — zumindest für Enderlin — kein Morgengrauen dieser Art mehr geben.

Der Gedankengang nötigt, des näheren auf das Verhältnis von Mittelteil und Exposition einzugehen. Von Exposition sprechen, unterstellt ein dramaturgisches Konzept für den Roman. Daß es sich dabei nicht um eine „Dramaturgie der Fügung" handeln kann, dürfte aus dem Gesagten deutlich geworden sein. Der Mittelteil ist deshalb keineswegs als Peripetie zu verstehen. Dem widerspricht schon die Beobachtung der Wiederholung ganzer Erzählteile aus der Exposition. Die Wiederholung dient der Erinnerung, nicht der Steigerung des Konflikts. Möglicherweise legt es die Dramaturgie des Romans darauf an, einen Konflikt vorzutragen, ohne ihn zu lösen. Peripetie wäre dann nur noch als formale Kategorie verwendbar. Sie würde einen Umschwung markieren, ohne die Katastrophe folgen zu lassen. Als Umschwungssituation, die nicht auf Lösung tendiert, müßte sie aber das Problem noch einmal verschärft vortragen. Im *Gantenbein* ist dies der Fall. Max Frisch bedient sich des Mittels der verkürzten und variierten Wiederholung von Erzählteilen, vornehmlich der Exposition.

Diese entfaltet in scheinbar unzusammenhängenden Schritten das Problem des Romans. Die Stationen sind leicht aufgezählt: Den Anfang macht die Schilderung eines plötzlichen Todes aus der Sicht der Außenstehenden: „ein Tod wie gewünscht" (8). Es folgt der problematische Satz über das Verhältnis von Erfahrung und Geschichte, und es folgt das, was gelegentlich als „Montage" der Figur Gantenbeins bezeichnet wurde.[17] Die Suche nach Gestalt und Gesicht einer Figur, „die in Frage kommt" (9), wird allerdings zu einer Verfolgung des Gesuchten, die in einem Lift endet, dessen Türen sich langsam schließen „wie in einem Krematorium". Wie schon zu Anfang auch hier die Signalisierung des Todesbereichs. Der Montage der Figur schließt sich die Metapher vom Morgen-

---

[17] Vgl. Hans Mayer, S. 209; Reich-Ranicki, S. 85.

grauen mit dem Hinweis auf die bunten Autos, „die alle nach Jerusalem rollen", an. Es folgt die Beschreibung der Flucht eines Nackten aus dem Krankenhaus, charakterisiert als „Sturz durch den Spiegel" (25), dann die möglicherweise den Einfall für den Roman gestattende Situation der verlassenen Wohnung, der Versuch, mit neuen Kleidern ein neues Leben zu probieren, die Schilderung des Unfalls, der die Blindenrolle ermöglicht, am Schluß der Titel des Romans: „Mein Name sei Gantenbein". So zufällig diese Zusammenstellung scheint, eine erste Verknüpfung ist durch leitmotivische Signalements gegeben. Sie gruppieren sich um zwei Themen: das Thema des Todes und das der Rollenexistenz. Zu Anfang der Exposition heißt es: „Der Tod muß eingetreten sein, kurz nachdem er sich in seinen Wagen gesetzt hatte", am Ende: „Sein Leben fortan, indem er den Blinden spielt". Dazwischen die leitmotivischen Merkzeichen: „wie im Krematorium ... ein Kopf voll Todesangst ... Wegzehrung für eine Mumie ... als spielten sie Feme ... wie eine Todesfeier — Ich probiere Geschichten an wie Kleider ... man kann ja nicht nackt durch die Welt gehen ... wie ein Sturz durch den Spiegel ... ich bin Adam und du bist Eva". Das Bild der leeren Wohnung verknüpft zudem das Todesthema mit dem der Zeit: „hier ist es wie in Pompeji: alles noch vorhanden, bloß die Zeit ist weg" (27). In der Engführung des Mittelteils werden die Themen der Exposition wieder aufgegriffen. Es kommt zugleich zu Wiederholungen und Umkehrungen. Enderlins Zeit ist nach der Jerusalem-Erfahrung nicht mehr die stehengebliebene Zeit Pompejis, seine Existenz nicht die zeitlose Existenz der Mumie, seine Zeit ist eine Gegenwart aus der Vergangenheit, eine Zeit, „die Geschichte ist" (247). Seine Existenz verwirklicht sich im Altern angesichts des Todes. Wie Walter Faber und Hannes Kürmann träumt auch er den Todestraum der ausfallenden Zähne. Das Motiv der Verfolgung und damit das der Rollenexistenz taucht unmittelbar vor der Ali-Geschichte wieder auf. Enderlin ist aufgegeben. „Es gibt andere Leute, die ich nicht aufgeben kann, selbst wenn ich ihnen nur selten begegne oder nie mehr. Ich will nicht sagen, sie verfolgen mich in meiner Vorstellung, sondern ich verfolge sie ..." (248). Elke, die „Eva" des ersten Krankenhausaufenthalts, ist auch hier wieder Enderlins Krankenschwester. Der Bericht über Enderlins Hermes-Abhandlung, die ihm den Ruf nach Harvard einbrachte, endet nicht zufällig beim Hermes Psychopompos: „denn Hermes ist ja auch der Gott, der die Scheidenden holt, lautlos wie immer, unversehens, allgegenwärtig, der Bote des Todes, der uns in den Hades führt" (225 f.).

Die Verknüpfung der Themen ist eng. Die leitmotivische Verflechtung aber konzentriert sich nicht auf Exposition und Mittelteil. Sie durchzieht den gesamten Roman. Enderlins Arbeit über Hermes wird immer wieder zitiert. „Peru als das Land seiner Hoffnung" (236) wird in der Engführung der Themen in der Mitte angesprochen, um damit an jene entscheidende Begegnung mit Lila zu erinnern, die dem Versuch galt, in der Liebe die Zeit zu überwinden (111 ff.). Auch die eingestreuten Geschichten dienen der Variation der Grundthemen des Romans. Immer wieder aber auch wird die leitmotivische Technik gebrochen durch das Prinzip der Kontrastierung. So ist die Figur Enderlins als Kontrastfigur zu Gantenbein aufgebaut, so stehen die eingestreuten Geschichten im Spannungsverhältnis des Kontrasts zueinander. Die Geschichte vom Milchmann etwa, der aufgrund einer unnennbaren Erfahrung seine Blumentöpfe ohne ersichtlichen Grund zertrümmert und konsequenterweise als verrückt gilt, endet in der Feststellung: „sein Ich hatte sich verbraucht, das kann's geben, und ein anderes fiel ihm nicht ein" (76). Ihr antwortet die Geschichte vom Pechvogel, der seine Rollenexistenz zu retten weiß: „Ein anderes Ich, das ist kostspieliger als der Verlust einer vollen Brieftasche, versteht sich, er müßte die ganze Geschichte seines Lebens aufgeben..." (77 f.).

Wiederholung und Kontrastierung sind die erzähltechnischen Elemente, um das Thema mit Variationen vorzustellen. Die durchgängige Formalisierung dieses Erzählprinzips gestattet keine Chronologie der Erzählung. Wenn es im Anschluß an die Jerusalem-Episode heißt „Das Jahr ist vorbei", signalisiert dies nur den Umschwung, nachdem zuvor von einem Jahr Lebenserwartung gesprochen war. Keineswegs ist aus dieser Bemerkung auf eine Zeitphase im Erzählten zu schließen. Die Erfahrung, für die eine Geschichte gesucht wird, ist die Erfahrung des Todes. Angesichts des Todes erscheint die Zeit selbst tot „wie in Pompeji" oder als die erinnerte Wiederholung des Vergangenen. Als Ablauf für die Erzählung spielt sie keine Rolle. Die Geschichten werden auf dem Experimentierfeld des Möglichkeitssinns zu zeitlosen „Ich-Geschichten". Dies ermöglicht eine Formalisierung in der Strukturierung des plot.

So werden — wie der spiegelbildliche Aufbau des Romans erwarten läßt — konsequenterweise am Schluß des Romans die Themen der Exposition noch einmal aufgegriffen, nicht aber um die durch den Umschwung in der Mitte des Romans nahegelegte Erwartung der Auflösung der Todes- und der Rollenexistenzproblematik zu bestätigen. Es gibt keine Katastrophe, wie es keine Peripetie gab. Es bleibt bei der Wiederholung. Die verlassene

Wohnung beschreibt immer noch den Aufenthaltsort einer Mumie. Wie am Anfang steht am Ende die Geschichte eines Toten. Trotz Jerusalem ist nichts geschehen. Es bleibt nur das Gegenbild für den ganzen Roman: das Bild vom gegenwärtigen Leben.

II. Das „Offen-Artistische"

Das Aufspüren von leitmotivischen Zusammenhängen verbunden mit der Feststellung ihrer thematischen Gebundenheit läßt doch nicht darüber hinwegtäuschen, daß sich der *Gantenbein* dem Versuch, ihn auf eine story festzulegen, entschieden widersetzt. Im Gegenteil scheint er, indem er den Versuch ständig provoziert, den Leser auf diesem Wege bewußt in die Irre zu führen. So ist die Irritation nicht nur ein Kalkül innerhalb des Erzählens, sondern wird von ihm erst gesetzt. Auch die thematische Verflechtung der Motive führt ja nicht zu einem Ergebnis, sondern endet mit dem Schlußbild im kommentarlosen Statuieren des Gegenbildes. Die eingeschlagenen Wege erweisen sich endgültig als Ausweglosigkeiten und können deshalb mit der eher beiläufigen Bemerkung „Alles ist wie nicht geschehen . . ." (496) aufgegeben werden. Nun entdeckt gerade diese Bemerkung eine Doppeldeutigkeit des Sprechens, die mit dem Hinweis auf die Kontrastfunktion des Gegenbildes nicht erklärt ist. Das Modalwort interpretiert ja den Indikativ in Richtung eines Irrealis. Dennoch bleibt die Aussage als Feststellung bestehen; sie ist nicht aufgehoben, aber mit der Tendenz des Irrealis versehen. Allein die Hinzufügung des Modalwortes reicht aus, um die Aussage in ihrem Feststellungscharakter fragwürdig zu machen. Der Leser kann im wörtlichen Sinn mit einer solchen Aussage am Schluß des Romans nichts anfangen. Hinzu kommt die Überraschung der präsentischen Direktheit der Aussage des dann folgenden Bildes: „Es ist . . . ich sehe . . . das sind . . . wir sitzen". Aber auch diese Aussage verliert ihre Direktheit, wenn sie im funktionalen Zusammenhang als Gegenbild zum gesamten Roman genommen wird. Dann nämlich kann das präsentisch Indikative nur Kontrast zum im Verlauf der Erzählung ständig eingeübten konditionalen Irrealis sein und verliert in dieser Funktion die Eigenwertigkeit als Aussage. Dennoch behauptet sich das Schlußbild in seinem demonstrativen Charakter als Gegenbild für die Thematik des Romans.

Diese vereinzelte Beobachtung verallgemeinert und auf den Roman übertragen nötigt das interpretierende Verstehen zu besonderer Vorsicht, insofern die Möglichkeit nie auszuschließen ist, daß zwischen gemachter und gemeinter Aussage — auch auf der Ebene des Ästhetisch-Artifiziellen — jeweils nur eine partielle Identität besteht. Angesichts eines solchen Tatbestandes bleibt einmal zu fragen, wodurch der Leser geschützt ist vor der Willkür artistischen Erzählpotentials, zum andern, woran sich ein sinnerschließendes Interpretieren zu halten hat. Es kann ja nicht befriedigen, über die Aufhellung der Motive und deren komplexer Zusammenhänge im Roman einen thematischen Leitgedanken an die Hand zu bekommen, wenn dieser mit dem Schlußbild sich als aufhebbar erweist. Ebensowenig kann befriedigen, wenn eine durch die Erzählweise selbst geweckte Lesererwartung immer wieder getäuscht wird. Dennoch scheint gerade dies die Absicht des Erzählers zu sein. Irritation und enttäuschte Lesererwartung nötigen beide auf ihre Weise, ständig der Situation des Erzählens eingedenk zu bleiben.

Die wiederholte Erinnerung an die Erzählsituation unterbricht das fortschreitende Lesen und zwingt zur Überprüfung der Lesehaltung. Indem der Erzähler die möglichen Erzählschritte in den Erzählablauf einschiebt, stört er nicht nur den mählichen Aufbau der Erzählung im Leser, er verweist den Leser zudem in eine Position der Unsicherheit gegenüber dem Gelesenen. Dabei ist zu beachten, daß die erzähltechnischen Einschübe, die von der Möglichkeit des Erzählens und Vorstellens sprechen, nicht zusätzliche und nachträgliche, sondern die Erzählung strukturierende Elemente des Aufbaus sind. So kann sich eine durch das Erzählte geweckte Vorstellung im Leser nicht entfalten, da ihre Entfaltung durch die Einschübe aufgehalten wird, um nach der Unterbrechung nicht mehr fortgeführt zu werden. Die Assoziation stellt dann eine neue Variante vor. Auf diese Weise wird der Leser am Prozeß des möglichen Erzählens beteiligt und zugleich auf seine Lesesituation zurückverwiesen. Immer gibt es jene retardierenden Momente im Aufbau der Erzählung, die, indem sie sich des Erzählgestus versichern, von der „Geschichte" ablenken.[1]

Auch die Erkenntnis leitmotivischer Verknüpfung führt auf das Problem der Erzählweise zurück. Jeder neue Anlauf einer thematischen Analyse

---

[1] Mit dieser Beobachtung begründet Jürgen Manthey, 280 f., seine Kritik an dem Roman: „Es ist in einem Stück epischer Prosa von diesem Umfang und damit von diesem Anspruch an die Zeit und Ausdauer des Lesers zunächst einmal lästig, den skrupelvollen Mechanismus des Romanschreibens auf gleichsam philosophischer Ebene miterleben zu müssen... Vielleicht möchte der Leser sogar bewundern, wieviel Echtheit und Souveränität zuletzt aus sovielen Zweifeln entstehen. Jede Beinbewegung jedoch mit dem Aspik des Zögerns und Bedenkens geliefert zu bekommen, ist recht bald ermüdend".

wird zurückgehalten von einem nicht zu übersehenden Hinweis auf die Situation des Erzählens. Dabei bleiben nicht einmal diese Hinweise eindeutig. Hinzu kommt, daß ein sinnerschließendes Verfahren der Interpretation, so oft es auch unterbrochen wird, doch durch die Erzählweise gefordert wird. Keineswegs also mindert der Hinweis auf die Erzählsituation die Aussagekraft des Erzählten, der Hinweis selbst revidiert nicht einmal die Aussage, er relativiert sie nur, indem er das Spielmoment des Ästhetischen artikuliert. Revidiert wird die getroffene Aussage nicht durch den Hinweis auf die Erzähltsituation, sondern durch die kommentarlose Setzung der Gegenaussage. In dieser Gegenüberstellung von Aussage und Revision der Aussage, von Bild und Gegenbild gibt es keine Vermittlung als die des Hinweises auf das Artistische des Erzählens.

Hinsichtlich der Leseerwartung ist ähnliches festzustellen. Es präsentiert sich nämlich im *Gantenbein* ein Erzählen, das keineswegs eine mögliche Illusionierung des Lesers von vornherein ausschließt. Im Gegenteil, die Genauigkeit der Beschreibungen und die Dichte der Bilder können auch im *Gantenbein* gelegentlich einen Grad erreichen, der die Illusionierung geradezu herausfordert. Die ständigen Anläufe zu Geschichten um Gantenbein, Lila und Enderlin geben sich doch auch so, als ob sie zu einer „wirklichen" Geschichte führten. Und noch die Revision der angefangenen Geschichte durch die andere Variante ist wiederum so vorgetragen, daß sie — wenn auch als Gegenentwurf — doch vorstellbar wird, ja zur Schaffung einer Illusion einlädt. Der Hinweis auf die Erzählsituation hat nicht die Funktion, die Illusion zu zerstören, sondern sie im Zusammenhang des Erzählens als Illusion zu kennzeichnen, das heißt sie zugleich bestehen zu lassen und aufzuheben. Denn die Bewußtmachung der Illusion als Illusion zerstört sie nicht, hebt sie aber in ihrem Illusionscharakter auf. Wer weiß, daß er sich in einer Illusion befindet, hat zugleich einen Standpunkt innerhalb und außerhalb eingenommen. Er kann sich der Illusion umso mehr hingeben und ihr umso weniger verfallen, als er sich der Situation der Illusionshingabe bewußt ist. Er weiß, wie es um ihn steht, und hat damit ein Wissen, das die Illusion gerade verhindern wollte. Das Bewußtsein von der Illusion schafft eine Position, die die Illusion gestattet, ihren Verführungscharakter aber aufhebt. Der Leser wird ständig darauf hingewiesen, im Zuge des Lesens nicht zu vergessen, daß es sich um Fiktion handelt. Der Fiktionscharakter soll nicht aufgegeben werden, er soll ins Bewußtsein gehoben werden. Max Frisch weiß sehr wohl, daß die Fiktion auf Illusion tendiert. Dem Roman die Möglichkeit der Illusionierung zu nehmen, hieße ihn als Fiktion in Frage stellen. Diese Infragestellung aber müßte sich auf die Möglichkeit des Erzählens überhaupt auswirken. Würde die Fiktion aufgegeben, gäbe es keine Illusion mehr. Es gäbe aber auch nicht mehr die Präferenz der metaphorischen Ebene im Artefakt. Jede Aussage müßte als direkt und einsinnig gelten, festlegbar auf das unmittelbar Ausgesagte, und nur auf dieses. Damit aber wäre der Erzähltendenz des *Gantenbein* entschieden widersprochen. Eine Erzählhaltung, die den Fiktionscharakter des Romans aufgeben würde, könnte eben nicht jenes Spiel der Varianten ermöglichen, das den *Gantenbein* strukturiert. Sie würde es geradezu verunmöglichen. Es kann also mit dem Versuch, durch erzähltechnische Hinweise die Illusion zu unterbrechen, nicht gemeint sein, den Fiktionscharakter des Romans aufzugeben. Dennoch wird die Fiktion eines entscheidenden Moments beraubt, jenes Moments der Verführung zur Illusion. Sie wird sich nicht mehr so präsentieren, daß sie in ihrem Fiktionscharakter unerkannt bleibt. Das Verführerische, das den Leser Vereinnahmende wird aufgegeben. Dies geschieht nicht durch die Zerstörung, sondern durch die Bewußtmachung der Fiktion als Fiktion.

In einer bezeichnenden Brecht-Reminiszenz des ersten Tagebuchs nennt Max Frisch dieses Verfahren „offen-artistisch" und versucht, die programmatischen Äußerungen Brechts im *Kleinen Organon* für das Theater des wissenschaftlichen Zeitalters auf das Epische anzuwenden. „Was Brecht in seinem Organon schreibt über den ‚Verfremdungseffekt', nämlich: die theatralische Verfremdung solle den gesellschaftlich beeinflußbaren Vorgängen den Stempel des Vertrauten wegnehmen, der sie heute vor dem Eingriff bewahrt — ferner: der Zuschauer soll sich nicht einfühlen, es soll verhindert werden, daß das Spiel ihn in Trance versetzt, sein Vergnügen soll vielmehr darin bestehen, daß ihm im Spiel gewisse Vorgänge, die ihm vertraut sind und geläufig, verfremdet werden, damit er ihnen nicht als Hingerissener, sondern als Erkennender gegenüber sitzt, erkennend das Veränderbare, erkennend die besondere Bedingtheit einer Handlung, genießen das höhere Vergnügen, daß wir eingreifen können, produzierend in der leichtesten Weise, denn die leichteste Weise der Existenz (sagt Brecht) ist in der Kunst ... Es wäre verlockend, all diese Gedanken auch auf den erzählenden Schriftsteller anzuwenden; Verfremdungseffekt mit sprachlichen Mitteln, das Spielbewußtsein in der Erzählung, das Offen-Artistische, das von den meisten Deutschlesenden als ‚befremdend' empfunden und rundweg abgelehnt wird, weil es ‚zu artistisch' ist, weil es die Einfühlung verhindert, das Hingerissensein nicht herstellt, die Illusion zerstört, nämlich die Illusion, daß die erzählte Geschichte ‚wirklich' passiert sei usw."[2]

Auch Brecht hat ja keineswegs versucht, mit den neuen Verfremdungen des epischen Theaters den fiktionalen Charakter des Gespielten aufzuheben. Im Gegenteil wird gerade in einer Dramaturgie, die sich der Situation des Spielens ständig versichert, das Spielmoment dominant. Der allgemeine Gestus des Zeigens wird nie Selbstzweck, immer begleitet er den besonderen gezeigten Gestus.[3] Nun hat freilich das Theater weitaus mehr Mittel, die Situation des Spielens bewußt zu machen, als die Erzählung Mittel hat, die Situation des Erzählens bewußt zu machen. Was auf der Bühne mit choreographischen, musikalischen und bühnenbildnerischen Mitteln, mit Zwischentexten, Beleuchtungswechsel und Betitelung möglich ist, reduziert sich für die Erzählung auf die sprachlichen Mittel allein. Denn das Spielbewußtsein für das Erzählte ist nur durch die Erzählhaltung, die sich eine diesem Spielbewußtsein adäquate Weise des Erzählens schafft, zu gewinnen. Das Problem der Darstellung wird damit zugleich eingeengt und kompliziert.

Die Metaphorik des Erzählten muß, obwohl sie ein Bild vorstellt, immer wieder als überholbar und durch ein Gegenbild ablösbar erscheinen. Der Illusionsbereich des Metaphorischen kann nicht entlassen werden, er muß nur auf eine besondere — eben „offen-artistische" — Weise gehandhabt werden. Max Frisch spricht ja auch nicht von der Notwendigkeit, die Illusion als Illusion zu zerstören. Er spricht von der Zerstörung jener Illusion, die vorgibt, „daß die erzählte Geschichte ‚wirklich' passiert sei".

In keinem seiner Romane hat Max Frisch diese „verlockende" Übertragung der Brechtschen Dramaturgie der Veränderbarkeit auf das Feld der Erzählung so konsequent durchgeführt wie im *Gantenbein*. Keiner seiner Romane demonstriert aber auch die Schwierigkeiten dieser Übertragung so deutlich wie gerade dieser. Nötigt doch die Reduzierung der

---

[2] *Tagebuch 1946–1949*, S. 293 f. Brechts *Kleines Organon für das Theater*, im August 1948 fertiggestellt, erschien zuerst 1949 in „Sinn und Form. Erstes Sonderheft Bertold Brecht". Max Frisch erhielt es bei seiner ersten Begegnung mit Brecht als Manuskript. Der Anachronismus seiner programmatischen Tagebucheintragung ist von Max Frisch selbst erkannt und später korrigiert worden. Vgl. Rolf Kieser, Max Frisch. Das literarische Tagebuch, Frauenfeld und Stuttgart 1975, S. 59 und 120.

[3] Vgl. Kleines Organon, Nr. 71.

Verfremdungsmittel auf den sprachlichen Bereich das auf der Bühne unmittelbar Evidente vermittelt vorzustellen. Die Erinnerung an die Erzählsituation wird zum strukturellen Moment. Immer wieder muß gesagt werden, daß es sich im Vergangenen wie im Folgenden nur um Möglichkeiten des Erzählens handelt. So kann der allgemeine Gestus des Zeigens das Gezeigte immer wieder stören, ja er muß es um des Spielmoments willen stören. Dieser Widerspruch im Erzählten ist nur dann aufhebbar, wenn der Leser ihn als seinen übernimmt und in der Auseinandersetzung mit der Lektüre austrägt. Erst dann erhält *im* Spielmoment des Erzählens die Fabel erneut ihren Ernst. Diese Reaktion ist aber nicht kalkulierbar. Die erzähltechnischen Hinweise können auch das Gegenteil bewirken. Sie können bewirken, daß der Leser die in ihnen angesprochene Relativierung des Erzählten nicht für den Prozeß der eigenen Erstellung der Geschichte auf sich bezieht, sondern für die Erzählung als direkte Aussage versteht. Dann bleibt nur das Ärgernis an der „nicht wirklichen" Geschichte.

Kurz zuvor hat Max Frisch im selben Tagebuch eben diese Schwierigkeit angesprochen, wenn er das Epische gegenüber dem Dramatischen abzugrenzen sucht. „Episch ist die Schilderung, die Mitteilung, nicht die Auseinandersetzung — die Auseinandersetzung mit einer Welt, die nur insofern geschildert wird, als sie zur Auseinandersetzung unerläßlich ist, erfüllt sich im Drama ... Schilderung — muß aber nicht die Schilderung einer vorhandenen Welt sein; es kann auch eine entworfene Welt sein. Im Anfang ist es das immer; die Sage. Und am Ende, gleichsam als letzte epische Chance, steht die Phantastik."[4] Das Entwerfen allein genügt nicht, um der Schilderung den Stempel der Vertrautheit zu nehmen. Auch die entworfene Welt ist eine mitgeteilte, auch die phantastische Welt ist vorstellbar. Der Zwang zur Auseinandersetzung fehlt. Dennoch hat Max Frisch im *Gantenbein* versucht, das Epische für die Auseinandersetzung bereitzustellen. Diese Auseinandersetzung kann dann keine des Geschehens sein; da bleibt es bei der feststellenden Erzählweise, bei der Schilderung als Mitteilung, auch in den Entwürfen. Sie kann sich nur als Auseinandersetzung des Lesers mit seiner Lesererwartung vollziehen. Dem dient der Versuch, das Vertrauen in die Erzählung, die Erwartung einer Geschichte zu verunsichern.

[4] Tagebuch 1946–1949, S. 241.

Ein zweites und wie mir scheint für die Thematik von Max Frischs Romanen entscheidendes Moment, das nun einmal mehr den von Brecht abweichenden Standpunkt Max Frischs zeigen kann, kommt hinzu. Brecht spricht im *Kleinen Organon* von einer Vertrautheit des Selbstverständlichen, die dieses als unbeeinflußbar auftreten läßt. „Allenthalben treffen wir auf etwas, das zu selbstverständlich ist, als daß wir uns bemühen müßten, es zu verstehen." Aus dieser Erkenntnis ist die Forderung abzuleiten, gerade dieses Selbstverständliche, dieses Gegebene als Zweifelhaftes ansehen zu lassen, den fremden Blick zu entwickeln, „mit dem der große Galilei einen ins Pendeln gekommenen Kronleuchter betrachtete. Den verwunderten diese Schwingungen, als hätte er sie so nicht erwartet und verstünde es nicht von ihnen, wodurch er dann auf die Gesetzmäßigkeiten kam. Diesen Blick, so schwierig wie produktiv, muß das Theater mit seinen Abbildungen des menschlichen Zusammenlebens provozieren. Es muß sein Publikum wundern machen, und dies geschieht vermittels einer Technik der Verfremdungen des Vertrauten."[5] In diesem Zusammenhang steht die von Max Frisch zitierte Bemerkung von den „neuen Verfremdungen", die „nur den gesellschaftlich beeinflußbaren Vorgängen den Stempel des Vertrauten wegnehmen" sollen. Brecht nimmt hinsichtlich der Möglichkeit der Veränderbarkeit eine Eingrenzung auf jene Bereiche vor, die beeinflußbar sind, auch wenn sie sich als gegeben, als „verhängt" ausnehmen. Ihnen gegenüber gilt es, die Haltung der Verwunderung zu erzeugen, den fremden Blick des großen Galilei einzuüben. Denn erst die Haltung der Verwunderung, die das Selbstverständliche nicht übersieht, vermag auch die von Brecht angesprochenen Bereiche der Veränderbarkeit zu entdecken.

Diese Eingrenzung ist bei Max Frisch nicht zu finden, ja sie verbietet sich geradezu durch die Thematik des Romans. Geht es doch um zunächst sehr individuell anmutende Probleme: die Auseinandersetzung Gantenbeins mit der Frage der Rollenexistenz und die Auseinandersetzung Enderlins mit der Frage der Möglichkeit des Lebens angesichts des nahe bevorstehenden Todes. Auch wenn die individuelle Problematik grundsätzlich erörtert wird, trifft dies noch nicht auf jenen Bereich der „gesellschaftlich beeinflußbaren Vorgänge", auf den die Brechtsche Verfremdungsabsicht zielt. Denn die Frage nach dem Tod und die Frage nach der Rollenexistenz werden nur dann relevant, wenn sie als existenzielle gestellt werden.

---

[5] *Kleines Organon*, Nr. 44.

Dann aber gehören sie nicht mehr in den Bereich dessen, „was zu selbstverständlich ist, als daß wir uns bemühen müßten, es zu verstehen". Das Übersehen der Problematik des Todes und der Rollenexistenz geschieht ja nicht aus Nachlässigkeit und Unbedachtsamkeit, sondern aus dem Wissen um ihre Unlösbarkeit. Hier ist in der Tat von einem Verhängnis zu sprechen; hier gibt es etwas, das aufgetragen ist, dessen Lösung aber immer aussteht. Der Verhängnischarakter des Todes wird nicht dadurch, daß er bewußt gemacht wird, aufgehoben; er wird dadurch allenfalls verdeutlicht. Sicher gehört die Todesproblematik zu jenen Bereichen menschlicher Existenz, die zu leicht aus dem Bewußtsein verdrängt werden, aber nicht, weil sie als zu selbstverständlich erscheinen. Werden sie nämlich ins Bewußtsein gehoben, tritt nicht der fremde und produktive Blick des Galilei ein, von dem Brecht spricht, sondern ein verfremdender und resignativer. So ist ja auch das Schlußbild des Romans, das Bild vom Leben, eher als resignative Antwort, denn als Lösung für den Roman zu verstehen. Brecht also versucht mit dem Blick der „neuen Verfremdungen" jene Bereiche aufzuspüren, die veränderbar sind, weil sie beeinflußbar sind, auch wenn sie — im genere summo des Alltäglichen betrachtet — als selbstverständlich hingenommen und übersehen werden. Bei Max Frisch hingegen geht es um eine existenzielle und damit auch um eine individuelle Problematik. Der Registrator im Spiel *Biografie* erkennt genau an diesem Punkt die schwache Stelle Kürmanns, wenn er ihm sagt: „Sie stehen unter dem Verdacht, daß Sie die Welt verändern wollen. Niemand wird auf den Verdacht kommen, daß Sie bloß Ihre Biografie verändern wollen"[6]. Auch im *Gantenbein* hat Max Frisch diese Überzeugung in einem Klammerzusatz deutlich ausgesprochen: „Manchmal scheint auch mir, daß jedes Buch, so es sich nicht befaßt mit der Verhinderung des Kriegs, mit der Schaffung einer besseren Gesellschaft und so weiter, sinnlos ist, müßig, unverantwortlich, langweilig, nicht wert, daß man es liest, unstatthaft. Es ist nicht die Zeit für Ich-Geschichten. Und doch vollzieht sich das menschliche Leben oder verfehlt sich am einzelnen Ich, nirgends sonst" (103).

Der Versuch der Veränderung der Biographie, die Verlagerung der Veränderbarkeit auf die existenzielle Ebene, die Reduzierung auf die individuelle Problematik, kennzeichnet die Fragestellung Max Frischs. Ihr geht allerdings jene Erkenntnis voraus, die das Spiel *Biografie* als Hoffnung

---

[6] Max Frisch, Biografie: Ein Spiel (= Bibliothek Suhrkamp 225), S. 59.

vorträgt, daß die Veränderung der Biographie des Einzelnen die Veränderung der Welt bewirkt, eine Hoffnung, die gerade da zur Gewißheit wird, wo sie wie im Falle Kürmanns nur die negative Verwirklichung, das Scheitern vorstellen kann. Die Veränderung der Welt geschieht nur über die Veränderung des Einzelnen. Veränderung der Biographie des Einzelnen aber ist nicht direkt möglich, nicht in einem unmittelbaren Schritt. Sie geschieht über das Medium der Reflexion. Die Reflexion ist nun gerade nicht das Inzitament der Veränderbarkeit. Sie weist sich im Gegenteil durch ein retardierendes Moment aus. Ständig ja vergewissert sie sich der Situation, um dieser gewiß zu sein, um festzuhalten, was ist. Zugleich aber verhindert die Reflexion, dieses, was ist, als gegeben hinzunehmen. Die Vergewisserung der Situation steht doch unter dem Gesichtspunkt einer potentiellen Veränderbarkeit, freilich als Entwurf, als Vorstellbares, im Horizont des Irrealis. Angewendet auf die Thematik des Romans heißt das: die Reflexion kann am Verhängnischarakter der Todessituation nichts ändern, sie kann ihn aber in seiner Problematik deutlich machen. So gesehen steht auch das Spielmoment des „Offen-Artistischen" im Dienste der Aussage des Romans und erhält von ihr seinen Ernst. Freilich hat sich Max Frisch damit von Brecht und dessen Absicht mit dem Verfremdungseffekt entfernt. Dieser hatte von der Notwendigkeit gesprochen, Mißtrauen gegenüber dem Vertrauten zu erzeugen, Verwunderung gegenüber dem Selbstverständlichen zu erwecken, um das vermeintlich Vorgegebene als Verantwortetes, um das vermeintlich Verhängte als Verfügbares zu erkennen. Max Frisch hingegen dient der Verfremdungseffekt der Vergewisserung der verhängnisvollen Situation individueller Existenzmöglichkeiten. Im Fall des *Gantenbein* ist es die Situation der möglichen Existenz angesichts des Todes.

Die Reduzierung auf die existenzielle Ebene bedeutet zugleich eine Intensivierung des Reflexionsmoments. Diese Intensivierung aber wird nicht durch das Zurückdrängen des Erzählgestus zugunsten der vorgestellten Geschichte erreicht, sondern gerade durch die offene Präsentation des Artistischen im Erzählvorgang. Wird doch erst durch die Unterbrechungen und retardierenden Postkriptum-Notizen, die sich des Erzählgestus für den Leser versichern, der Reflexionsanstoß gegeben. Diese offene Präsentation des artistischen Moments geschieht auf doppelte Weise: einmal durch direkte Hinweise im Vorzeigen des Erzählgestus als Vergewisserung der Erzählsituation, zum andern durch eine auffällige kompositionelle Strukturierung der einzelnen Geschichten in ihrem Verhältnis zueinander.

In beiden Fällen geht es um die Demonstration des fiktiven Charakters der Erzählung. Dies ist für jene Stellen unmittelbar einsichtig, an denen das „Buch-Ich" die Entwürfe als solche kennzeichnet oder die Erzählung unterbricht, um eine Erinnerung zu machen, ein vermeintliches Versäumnis im Erzählen nachzuholen usw. Weniger einsichtig ist es für den kompositionellen Zusammenhalt der Geschichten, da in diesem Fall erst die Häufung der Merkmale ihre Auffälligkeit bewirkt.

Zunächst ist auf die besondere Verwendung des Imperfekts zu achten. Der Gebrauch des Imperfekts legt ja nahe, eine Geschichte als eine zwar vergangene, aber doch wirklich geschehene Geschichte aufzufassen. Es leugnet also in seinem feststellenden Erzählduktus den fiktiven Charakter des Erzählten. Nun zeigt sich im *Gantenbein* eine außerordentliche Vorsicht beim Gebrauch des Imperfekts. Unbekümmert verwendet es Max Frisch nur in den eingestreuten Geschichten, die schon durch einleitende Formeln wie „ich kenne einen Gegenfall ..., eine Geschichte für Camilla ..." als Fiktionen gekennzeichnet sind. Immer da aber, wo die Fiktion nicht von vornherein als solche bewußt gemacht ist — in der Enderlin- und Gantenbein-Geschichte vornehmlich — wird es vermieden oder mit einem Hinweis der Art „so stelle ich mir vor ..." (62) in seiner Absicht, das Bewußtsein von der Fiktion als Fiktion zu leugnen, gestört. Hinzu kommt in diesen Fällen zumeist das Vorherrschen des Potentials, das die imperfektische Aussage in ihrem feststellenden Charakter zurücknimmt. Die Tendenz wird deutlich: Das Imperfekt kann da ungebrochen verwendet werden, wo es das Bewußtsein von der Erzählung als einer fiktionalen nicht stört. In allen anderen Fällen ist es nur gebrochen verwendbar.

Freilich würde diese artistische Handhabung des Imperfekt im *Gantenbein* kaum bemerkt werden, zumal der Wechsel der Tempora und Modi eher zufällig erscheint denn im Dienste eines erzähltechnischen Interesses stehend, hätte nicht Max Frisch selbst wieder deutliche Hinweise gegeben. Schon im „Werkstattgespräch" mit Horst Bienek zeigt er die Verdekkungstendenz des imperfektischen Erzählens hinsichtlich des fiktionalen Charakters der Erzählung auf: „... warum erzählen wir stets im Imperfekt? Das ist der Ton der Erzählung: Es war einmal. Vergangenheit ist eine Fiktion, die nicht zugibt, eine Fiktion zu sein"[7]. Nach Erscheinen des *Gantenbein* rechtfertigt er sein Verfahren mit der Feststellung, daß das imperfektische Erzählen den Autor gleichsam zu einer Verstellung zwingt,

---

[7] Werkstattgespräche, S. 26.

insofern es eine Geschichtlichkeit vorgibt, von der der Autor berichtet, da er in Wirklichkeit doch erfindet. Eine Erzählung, die nicht berichten will, was war, sondern erzählen, was möglich ist, kann sich des Imperfekts nicht mehr unvoreingenommen bedienen. Im *Gantenbein* kommt es denn auch nur vor, um — wie Max Frisch sagt — „immer wieder einzustürzen"[8].

Aufgebaut wird hingegen alles, was das artistische Moment an der Erzählung unterstützen kann. So finden wir häufig eine szenische Anlage der einzelnen Situationen, als sollte für das folgende Geschehen eine Bühne bereitet werden. Dem entspricht eine Verkürzung des Sprachduktus, der sich mit der Aufzählung der notwendigen Requisiten, mit Angaben zur szenischen Anordnung begnügt. Als Beispiel mag die Einleitung der Beschreibung von Enderlins Fest stehen: „... ein ausgelassenes Fest, Damen in Abendkleidern lagern sich auf dem Parkett, ein geistreicher Hahn im Korb (Siebenhagen?) mit verschränkten Beinen, im Garten wird getanzt, Ständerlampen, der giftgrüne Rasen unter Ständerlampen, Burri im Smoking..." (242). Hinzu kommen gelegentlich direkte Hinweise auf die Bühnensituation des Geschehens. Als Gantenbein bei seinem ersten Ausgang mit der Blindenbrille beinahe von Camilla Huber überfahren wird, sammelt sich eine Menge Schaulustiger, als „Lemuren" gekennzeichnet. Nach dem für Gantenbein glimpflich abgelaufenen Auftritt heißt es: „Der Vorwurf der Lemuren, die ihren *Abgang* in den langweiligen Alltag noch nicht finden konnten..." (43). Die Szenerie des Geschehens, als Szene auf einer Bühne arrangiert, unterstreicht das Spielmoment, verdeutlicht die Fiktion.

Dieser Verdeutlichung dient auch die auffällige Verwendung leitmotivartiger Merkzeichen, die gerade nicht ein gleichsam verborgenes Dasein innerhalb der Erzählung führen und erst durch das interpretierende Verfahren in ihrem leitmotivischen Anspruch entdeckt werden müssen, sondern als unübersehbare Hinweise die Erzählung immer wieder an das Thema erinnern. So stehen auch sie als Erinnerungszeichen im Dienste der Verhinderung der Illusion und der Kennzeichnung des Spielcharakters. Das Thema des Todes, einmal angeschlagen, verläßt die Erzählung in keiner Situation. Da ist von den Lemuren die Rede, von den Mumien, dem Grabhügel auf der via appia antica, von Pompeji und der Stelle in Jerusalem, wo das Kreuz gestanden hat. Nicht zuletzt ist es Hermes Psychopompos, der den Leser auf seinem Weg durch die Erzählung

---

[8] Ich schreibe für Leser, S. 12.

begleitet. Dabei kommt es unter dem hier angesprochenen Gesichtspunkt weniger auf die Feststellung der gleichen Bedeutungsrichtung dieser leitmotivischen Merkzeichen an als vielmehr auf die Feststellung ihrer Auffälligkeit an der jeweiligen Stelle der Erzählung verbunden mit der Häufigkeit einmal der Merkzeichen insgesamt, zum andern des Auftretens der einzelnen Merkzeichen. Sind es doch erst diese beiden Momente, die ihre Intention im Zusammenhang der Verwirklichung einer „offen-artistischen" Erzählweise verdeutlichen können.

Peru als das Land der Hoffnung, als Möglichkeit, die Enge des Eingefangenseins in Ort und Zeit zu verlassen, zum ersten Mal von Lila scheinbar unmotiviert in der Bar bei der Begegnung mit Enderlin erwähnt, begleitet beider Geschichte und bringt sich immer wieder in Erinnerung. Schon bei der ersten Erwähnung macht Max Frisch durch einen Zusatz eigens auf die Signalfunktion dieses Wortes aufmerksam: „Meine Ungewißheit, ob ich sie für eine Schauspielerin zu halten habe oder nicht, macht mich mehr und mehr verlegen, während sie jetzt, *ich weiß nicht warum*, von Peru redet" (93). Später genügt die Andeutung: „Ihr sprecht von einer Reise im Herbst, einer gemeinsamen. Ihr sehnt euch plötzlich nach einem Land, das es übrigens gibt. Ihr braucht nur hinzufahren im Herbst" (210). Verbunden wird dieses Motiv mit einer anderen leitmotivischen Formel, die die Verbindung des Sehnsuchtsmotivs mit der Todesthematik herstellt: der Formel vom Herbst als Zeit des Untergangs.[9] Es ist eine „lange und öde Stunde" (62), in der Gantenbein ausgeht, um sich den Blindenpaß zu besorgen. Abgefallenes Laub mahnt an die Zeit der Vergängnis. „Ich liebe die Septembermorgen" (166) sagt das „Buch-Ich". Und diese Hinwendung an die Zeit des Herbstes verbindet sich mit einer Vorliebe für die Farbe grau, die den Kreis der leitmotivischen Erinnerungen erweitert: „... das Fräulein in Weiß: jetzt grau wie Asche, lila-grau..." (38). Auch hier bleibt die Verknüpfung der auffälligen leitmotivartigen Hinweise nicht stehen. Lila ist die Farbe, die Gantenbeins Blindenbrille als einzige gestattet. Alles, was er sieht, ist von jener lila-grauen Farbe überdeckt. Herbst, Dämmerung, lila-grau sind die Merkzeichen, an denen sich die

---

[9] Nicht nur im *Gantenbein*, im gesamten Oeuvre von Max Frisch zeigt sich eine Konstanz leitmotivischer Formeln. Die Identifikation von Herbst und Tod findet sich etwa schon in der Charakterisierung der Jahreszeiten in *Blätter aus dem Brotsack* (Zürich 1940, S. 26 ff.). Vgl. zum Komplex der leitmotivischen Wiederholungen: Manfred Jürgensen, Leitmotivischer Sprachsymbolismus in den Dramen Max Frischs. In: Wirkendes Wort 18 (1968), S. 37–45.

Thematik des Romans entfaltet. Wie um das spielerische Moment auf die Spitze zu treiben, erfindet Max Frisch die Metapher von der „Herbstzeitlosenhaut der Frauen" (39, 64, 298), die in ihrer Dingsymbolik innerhalb des Kontextes von Herbst, Untergang, Tod und Zeitlosigkeit zur auffälligen Chiffre wird, zumal die mit ihr angesprochene Farbe genau jenen Bereich des Lila-Grauen signalisiert, den zu sehen Gantenbein mit seiner Blindenbrille einzig fähig ist. So auffällig diese Metapher innerhalb ihres leitmotivischen Umkreises eingesetzt ist, ist sie doch keine künstliche, sondern eine durch die Situation Gantenbeins ermöglichte und durch den thematischen Kontext erklärte. Bei aller Verdichtung im Metaphorischen kann sie doch als bloß beschreibender Vergleich aufgefaßt werden, wenn — was die Metapher durchaus zuläßt — allein auf die Beobachtung des farblichen Signalwerts abgehoben wird.

Immer aber gibt es im Beobachten eine auffällige Hintergründigkeit, die das Beobachtete selbst schon nicht mehr als nurmehr Gesehenes hinnehmen läßt. Dies kann als Kennzeichen nicht nur der Metaphorik des *Gantenbein*, sondern der Prosa Max Frischs allgemein gelten. Das Beobachtete ist bedeutsam, sei es — wie im *Gantenbein* — durch den artistisch erstellten, sei es durch den in der beschriebenen Situation gegebenen Kontext. Im ersten Tagebuch beschreibt Max Frisch die Ankunft eines Fischkutters mit der Beute der Woche. „Ein Seestern ist auch dabei, an der Luft hat er seinen ganzen Glanz verloren, nur noch ein grauer Teig, gräßlich mit der Vielzahl seiner blinden Glieder, ihr langsames und verlorenes Tasten, das Kopflose, Leben ohne Wahl und ohne Wollen."[10] Das „Leben ohne Wahl" ist „ein grauer Teig". Blindsein ist Totsein. Die Interpretation ist nicht nachträglich, sie ergibt sich aus der Beobachtung, ja sie ist Beobachtung. Die genaue Beschreibung des Beobachteten vermag das offenkundig Hintergründige zu entdecken, da es nichts zu entdecken gibt, was nicht in der Beobachtung als zu Entdeckendes schon gekennzeichnet wäre.

Auch die leitmotivische Erwähnung des Herbstnachmittags im *Gantenbein* muß in ihrer Bedeutung für den thematischen Kontext nicht erst erschlossen werden. Zu klar ist das Bedeutungsfeld umrissen, in diesem Falle zudem durch die direkte Kennzeichnung des Gegenbildes vom Frühling. Zur Zeit von Enderlins Krankenhausaufenthalt „findet draußen vor dem offnen Fenster gerade ein Frühling statt... und es ist Vormittag,

---

[10] Tagebuch 1946–1949, S. 183.

die Stunde des Muts... das Leben ein Park" (216). In der Herbstzeitlosenfarbe, die Gantenbeins Brille gestattet, wird der Frühling zum Herbst, das Leben zu Asche, Licht zu Finsternis: „Ob die Brille denn richtig halte, fragt das Fräulein in Weiß: jetzt grau wie Asche, lila-grau, und sie greift an meine Schläfen, so daß ich plötzlich ihr Gesicht aus nächster Nähe sehe, ihre vollen weichen Lippen, jetzt violett wie reife Pflaumen, und plötzlich ist es Abend geworden, Dämmerung, Zwielicht, Sonnenfinsternis" (38).

Freilich bleibt auch das Herbstmotiv nicht eindeutig. Trotz der auffälligen Inanspruchnahme für die Todesthematik kann es doch auch im Gegenbild eingesetzt werden. Die Eindeutigkeit des Motivs wird im Schlußbild des Romans zurückgenommen. „Es ist ein Tag im September", aber nicht ein Tag der Zeitlosigkeit, sondern ein Tag der Gegenwart. Hier ist es nicht die Zeit der „finstern und kühlen Gräber", sondern die Zeit des Lebens, die der „Tag im September" anzeigt.

Die Auffälligkeit der Verwendung leitmotivartiger Merkzeichen beschränkt sich keineswegs auf den Themenbereich Herbst — Untergang — Tod. „Pompeji" als Signal für den Stillstand der Zeit verbindet die Todesthematik der der Zeitlosigkeit. An die Zeitlosigkeit trotz ablaufender Zeit erinnert aber auch das stereotyp eingesetzte „Elfuhrgeläute" des Fraumünsters in Zürich (vgl. 39, 63). Immer vor einer Entscheidungssituation, die die nachfolgende Zeit verändern kann, erklingt es als unüberhörbares Zeichen für Gantenbein. Was für ihn das Elfuhrgeläute, ist für Enderlin das „Gurren der weißen und grauen Tauben" (vgl. 110 f., 116, 121). In der Gerichtszene am Ende des Romans, die die Wahrheit über Gantenbeins Blindenexistenz ans Licht bringen könnte, werden dann beide Motive miteinander verknüpft (422).

Das leitmotivische Arrangement hat bei Max Frisch weniger die Funktion, den Bedeutungszusammenhang der Erzählung zu konstituieren, als vielmehr das Spielmoment des Erzählerischen zu verdeutlichen, den fiktionalen Charakter zu unterstreichen, die Erzählung im Sinne des „Offen-Artistischen" zu präparieren. Keines der leitmotivartigen Zeichen ist aber dem Thema fremd, im Gegenteil sind sie in ihrer thematischen Bezogenheit so auffällig, daß gerade die Auffälligkeit das Spielmoment vorträgt.

Dem dienen auch die überdeutlichen Anspielungen und Zitate. Und hier schlägt wiederum das Prinzip der Kontrastierung durch. Von zwei Rollen der Schauspielerin Lila wird berichtet, die wie kaum zwei andere in einem kontrastiven Verhältnis zueinander stehen, von der der Doña

Proeza und der der Lady Macbeth. Lila ist in diesen Rollen zugleich die Verkörperung des Dämonischen und der Engel gegen die Dämonen. Enderlins Begegnung mit Lila scheint die Möglichkeit zu eröffnen, das Bedrängende der Zeit zu überwinden. „Sie wollten, was nur einmal möglich ist: das Jetzt" (111). Die Bedeutung dieser Begegnung innerhalb des thematischen Kontextes von Zeit und Zeitlosigkeit für den Roman ist evident. Dennoch ist diese in der Begegnung eröffnete Möglichkeit durch den Erzähler im vorhinein nicht nur relativiert, sondern geradezu desavouiert, indem er ein Don-Giovanni-Zitat vorausschickt: „eine Nacht mit einer Frau, die eingehen wird in jene seltsame Zahl, die man niemals nennt. Mille e tre!" (104). Die Irritation des Lesers ist gewollt. Es geht nicht um Einfühlung, sondern um Reflexionsanstöße, in diesem Fall um die Frage der Möglichkeit, das „Jetzt" zu wollen angesichts der jederzeit möglichen Wiederholbarkeit.

In anderen Zitaten wird der Kontrast nicht erst in einem eigenen Schritt der Erzählung erstellt, sondern mit dem Zitat selbst gegeben. „Ihr braucht keine Strickleiter, um euch zu küssen, und kein Versteck, und da ist keine Nachtigall und keine Lerche, die zum Jetzt und Aufbruch mahnt, keine Häscher drängen euch zusammen, kein Verbot, keine Angst, daß eure Liebessünde entdeckt wird." (210) Die Tageliedsituation, die Situation Romeos und Julias wird nur noch zitiert, um ihre Ungültigkeit für die erzählte Situation zu dokumentieren. Dennoch ist das Zitat nicht zufällig. Es markiert in der Umkehrung eine mögliche Situation innerhalb der Enderlin-Lila-Geschichte.

Wenn Gantenbein und Lila über Strecken des Romans die Rollen von Philemon und Baucis einnehmen, ist dies nur mit der zuvor gemachten resignativen Feststellung „also altern" (244) zu erklären. Denn das Verhältnis zwischen Gantenbein und Lila ist nicht vergleichbar mit dem des alternden Ehepaares im Mythos. Das Typenbild uralter Ehe, wie es Novalis an den Gestalten Philemon und Baucis exemplifiziert, fungiert nurmehr als Kontrast zur projektierten Ehe der Romanfiguren. Die Anspielung ist deutlich, widersetzt sich aber voreiligen Erwartungen. Gantenbein wird trotz der behaupteten Identität mit dem Archetyp nicht Philemon werden, es sei denn unter dem partiellen Gesichtspunkt des Alterns. Der Spielcharakter im Zitieren dominiert in einer gelegentlich die Erwartung bewußt täuschenden Weise.

Nicht zu übersehen ist das anagrammatische Spiel mit den Namen. Lila findet nicht nur in der Umkehrung des Namens ihre Gegenspielerin in Alil, dem Arabermädchen aus der „tröstlichen Geschichte". Und noch der Versuch Gantenbeins, Lila und Alil in einer Person zu vereinen, hält sich an die Kontamination beider Namen zu Lilalil (298) mit dem artistischen Effekt, daß dieser Name vorwärts und rückwärts gelesen der gleiche ist. Auch Elke, die Krankenschwester, die „Eva" für den „Adam" Enderlin, findet ihr Pendant in jenem ungenannten Studenten des zweiten Teils, der seine Charakterisierung — wenn auch ohne Namen — doch in der anagrammatischen Veränderung des Namens Elke erfährt: — als „Ekel".

Schließlich aber tritt die Absicht der offenen Präsentation des Artistischen vollends in der Wahl der paradoxen Situation Gantenbeins als zugleich Sehender und nicht Sehender zutage. Diese Ausgangssituation des Romans ist selbst nur als artistische zu verstehen, insofern sie die Möglichkeit für die erzählerischen Experimente erst schafft. Die gesehene und beschriebene Welt wird durch die Brille Gantenbeins zu einer vorgestellten, in jedem Augenblick aufhebbar durch die Doppeldeutigkeit des Blickwinkels. Doppeldeutig werden dann Redewendungen wie „Man kann einen Blinden nicht hinters Licht führen" (129). Denn „hinters Licht zu führen" ist Gantenbein gerade nicht, weil er blind ist, sondern weil er als Blinder sieht. Dennoch führt er sich selbst „hinters Licht", wenn er anschließend in der Feststellung „Ich verlasse mich nicht auf meine Augen" seine Blindenexistenz zugleich kennzeichnet und verleugnet. Als Blinder kann er sich in der Tat nicht auf seine Augen verlassen, als Sehender aber darf er sich auf sie nicht verlassen. Die Ambiguität der Redewendungen wird erst aus der für den Roman konstituiven Situation gewonnen. Sie erhalten bis hin zum Gegenteil einen ihnen nicht zukommenden Sinn. So heben sie sich selbst auf angesichts der Situation Gantenbeins und demonstrieren die Paradoxie dieser Situation. Auf diese Paradoxie sich einlassen, verlangt die ständige Revision der in der Erzählung gewonnenen Position. So wird die Erzählung in einem ernsten Sinn für den Leser fragwürdig. Diese Fragwürdigkeit aber ist von Max Frisch gewollt. Wer sie als Fragwürdigkeit der Erzählung versteht, verkennt den Ernst des artistischen Moments dieses Romans.

III. Die „wesentliche Metapher" und das Metaphorische

Doppelt ist die Bedeutung des Wortes „metaphorisch" im *Gantenbein*. Einmal ist es im gebräuchlichen Sinne zu nehmen und bezeichnet jenen Bereich übertragener Rede, der sich auf direkte Weise im Setzen des auffälligen Bildes ausspricht. Zum andern ist die den Roman inaugurierende Situation selbst metaphorisch zu nennen und nötigt, den Gesamtkomplex des Erzählten im Sinne einer Metapher zu verstehen.

Metaphorisch ist die Situation des blinden Sehenden, weil sie in den Möglichkeiten des Sehens, die der Roman vorstellt, das Bekannte verfremdet, das Gegebene verändert. Die Situation selbst ist paradox, ein „literarischer Trick", um die Erzählung als ganze metaphorisch strukturieren zu können. Paradox ist die Situation, weil sie eine in ihrer Konsequenz unmögliche Position als mögliche vorstellt. Der Widerspruch allerdings liegt nicht in der geschilderten Situation Gantenbeins, sondern in deren Konsequenz. Daß der Blinde der Sehende ist, erinnert zu deutlich an den antiken Mythos des thebanischen Sehers, der — den Umstehenden blind — doch die Wahrheit verkündet, als daß nicht die Frage nach der von Gantenbein verhüllt zu offenbarenden Wahrheit zu stellen wäre. Soll es sich im Gantenbein um einen „Mythos in säkularisierter Form"[1] handeln, so ist doch nicht zu übersehen, daß der Mythos vom blinden Seher nur noch artistisch gehandhabt als mythologische Situation für Gantenbein zutrifft. Denn nichts wird im Roman verkündet, und Gantenbeins Wahrheit ist die Erkenntnis seiner Unfähigkeit zur Wahrheit. Demnach wäre die Situation weniger als mythologische Anspielung denn in ihrer Paradoxie ernst zu nehmen. Diese wird ja zum unversöhnlichen Widerspruch, wenn Gantenbein bei der Aufgabe seiner Rolle erkennen muß, daß er nichts gesehen hat von der Wahrheit, die er zu sehen hoffte, daß er in der Rolle des mythischen Sehers blind geblieben ist, indem er sah, was er zu sehen vermeinte. Zu sehen aber vermeinte er die Wahrheit, wenn auch die eingeschränkte seines Verhältnisses zu Lila. Darin nimmt er nun doch wieder die Pose des mythischen Sehers ein.

---

[1] Hans Bänziger, Frisch und Dürrenmatt, Bern und München [6]1971, S. 116.

Als vermeintlich Blinder sieht er die vor ihm erscheinende Wirklichkeit nicht um einer anderen, der wahren Wirklichkeit willen. Diese „wahre" Wirklichkeit aber offenbart sich am Ende als Trug und Schein, als vorgestellte Wirklichkeit eines Gantenbein, der sich selbst als Blinder ausgab. Sein Suchen nach der Wahrheit seines Verhältnisses zu Lila endet in der Erkenntnis der Scheinhaftigkeit des vermeintlich Erkannten, in dem Bewußtsein des trügerischen Bildes der Wahrheit als Projektion seiner eigenen Vorstellungen.

Das Eifersuchtsmotiv des Romans steht dabei nur als Beispiel. Es weist als existenzieller Sonderfall über sich hinaus auf das Verhältnis von Wahn und Wirklichkeit. In einer Postskriptum-Notiz zum gescheiterten Versuch Gantenbeins, mit Hilfe von Tonbandaufzeichnungen den vermeintlichen „Verrat" Lilas endgültig zu dokumentieren, rückt der Erzähler ausdrücklich den Sonderfall in die allgemeine Perspektive. „Eifersucht als Beispiel dafür, Eifersucht als wirklicher Schmerz darüber, daß ein Wesen, das uns ausfüllt, zugleich außen ist. Ein Traumschreck bei hellichtem Tag. Eifersucht hat mit der Liebe der Geschlechter weniger zu tun, als es scheint; es ist die Kluft zwischen der Welt und dem Wahn, die Eifersucht im engern Sinn nur eine Fußnote dazu, Schock: die Welt deckt sich mit dem Partner, nicht mit mir, die Liebe hat mich nur mit meinem Wahn vereint." (420) Die Erfahrung Gantenbeins, nur mit seinem Wahn vereint zu sein, zeitigt ein Scheitern seines Versuchs, mit Hilfe der Blindenrolle die Wirklichkeit auf das Wahre hin zu durchschauen. Ist mit diesem Scheitern aber umgekehrt ausgemacht, daß das Vorliegende, das handgreiflich Sichtbare das Wahre ist? Bei weitem nicht. Verhindert doch diese Deutung die Erzählhaltung des Romans, jene Haltung des Möglichkeitssinns, die das sichtbar und deutlich Geschilderte als eine zwar in der Erzählung, aber doch auch nur in ihr, also auf fiktionale Weise, ermöglichte Wirklichkeit kennzeichnet. Auch was Gantenbein ohne Blindenbrille wirklich sehen könnte, ist Vorstellung.

Dieses Verfahren des Erzählers Max Frisch weist zurück auf die von ihm zum Ausgangspunkt des Romans gewählte Situation Gantenbeins und verdeutlicht deren Bedeutung für die Struktur des Romans. Denn keine der Szenen und Geschichten ist losgelöst von dieser metaphorischen Situation zu betrachten. Metaphorisch ist sie zu nennen in ihrem Verweisungscharakter für die Erzählung. Überträgt sie doch ihre bis zur Widersprüchlichkeit gesteigerte Ambiguität auf den Gesamtkomplex des zu Erzählenden und ermöglicht so erst die Irritation. Nicht daß der Leser

Gantenbeins Blindheit — seine wirkliche Blindheit, die ihn Vermeintliches für Wahres nehmen läßt — nicht durchschaute, im Gegenteil, gelegentlich vermag die Erzählung deutlich ironisch zu werden, so wenn die Szene, in der „Philemon" Gantenbein endlich die vermeintlichen Briefe des Dänen findet und nach der Lektüre erkennen muß, daß er seine eigenen gelesen hat, beendet wird mit der doppelt lakonischen Feststellung: „Philemon wird nicht um ein Geständnis herumkommen, das Baucis für alle Zeiten warnt, während er von dieser Stunde an nur weiß, daß irgendwo in der Wohnung noch ein anderes Versteck sein muß..." (297 f.). Ein „anderes Versteck" gibt es nur, weil Gantenbein zu wissen meint, es müsse ein Versteck geben. Der Leser weiß dies seit langem. Indem er aber Gantenbein zu durchschauen glaubt, faßt er selbst wieder die Erzählung als „wirkliche" Geschichte auf. In dieser Auffassung wird er jedoch durch die auffällige Markierung des Fiktionalen gestört. Immer wieder auf die Notwendigkeit, eine wirkliche Geschichte erfahren zu wollen, zurückgeworfen, reproduziert er die Situation Gantenbeins. Wie Gantenbein sucht er die „anderen Verstecke" der Geschichte, wo doch keine Geschichte ist. Zurück bleibt das Unbehagen am Erkenntniswert des Romans verbunden mit einer Unsicherheit über die Möglichkeit einer „wahren" Erkenntnis, eine Möglichkeit, die Gantenbeins Rolle als „mythischer Seher" zu eröffnen scheint, zugleich aber doch auch ausschließt. Denn er ist der wahrhaft *blinde* Seher, nicht der sehende Blinde. Wäre er dieser, hätten wir es in der Tat mit einer „mythischen Gestalt"[2] zu tun. Da er aber im doppelten Sinne blind ist — blind für die Wirklichkeit durch seine Rolle, blind für die Wahrheit durch seine Projektionen — schließt er jede sichere Erkenntnis aus. Im Gestus dieses Ausschließens, der sich freilich, um das Paradox auszutragen, als Gestus des Erkennens ausgibt, zeigt sich nun doch die „Wahrheit" unserer Erkenntnis, eine nicht feststellbare, eine nur zu umschreibende, jene Wahrheit, für die Gantenbeins Situation steht: daß unsere Erkenntnisweise der Gantenbeins entspricht, die eine Erkenntnisweise von Vorstellungen und Projektionen ist.

Als eine Art Einübung in diese Wahrheit kann der Roman verstanden werden. Ermöglicht wird der Charakter einer solchen Einübung durch die Verwendung der Situation des blinden Sehers in ihrer Ambiguität als metaphorische Intonation der Erzählung. Doppeldeutig bis zur Wider-

---

[2] Vgl. Kraft, Studien, S. 42 ff.

sprüchlichkeit ist die Ausgangssituation. Doppeldeutigkeit, ja Widersprüchlichkeit kennzeichnet die gesamte Erzählung.

In seiner Analyse des *Othello* im ersten Tagebuch fragt Max Frisch nach dem Verhältnis von Eifersuchtsmotiv und Außenseiterstellung Othellos als Mohr. „Ungeheuer" sei diese Verbindung der beiden Motive, dieser „Griff auf beide Tasten, den Shakespeare hier macht", zu nennen. „Er deutet das eine mit dem andern. Das besondere, scheinbar fremde Schicksal eines Mannes, der eine andere Haut oder eine andere Nase hat, wird uns erlebbar, indem es in einer verwandten Leidenschaft gipfelt, die uns bekannt ist; die Eifersucht wird beispielhaft für die allgemeinere Angst vor dem Minderwert, die Angst vor dem Vergleich, die Angst, daß man das schwarze Schaf sei —. Wenn Othello kein Mohr wäre? Man könnte es versuchen — um festzustellen, daß das Stück zusammenbricht, daß es seine wesentliche Metapher verliert; um einzusehen, daß der Eifersüchtige immer ein Mohr ist."[3] Wäre Othello nicht Mohr, wäre das Stück seiner „wesentlichen Metapher" beraubt. In der Verknüpfung von Othellos „fremdem" Anderssein mit dem „bekannten" Anderssein der Eifersucht, eine Verknüpfung, die sich als metaphorische Grunddisposition darstellt, wurzelt die Tragödie und entfaltet sich aus ihr. Auch hier geht es um eine außergewöhnliche Situation, außergewöhnlich in einem doppelten Sinne, einmal insofern Othello durch Geburt außerhalb des Gewöhnlichen gestellt ist, zum andern insofern diese angeborene eine Potenzierung seiner gewählten Existenzweise als Eifersüchtiger bedeutet. Die Potenzierung macht das Bekannte überraschend, wie andererseits die „verwandte Leidenschaft" das „fremde Schicksal" erlebbar macht. Dieser Konstellation der beiden Motive ist jede Szene des Dramas verpflichtet, vor allem aber ermöglicht sie den dramatischen Konflikt im Intrigenspiel des Jago. „Wesentliche Metapher" nennt Max Frisch diese das Stück strukturierende situative Disposition des Helden.

In ähnlichem Sinne ist Gantenbeins Situation des blinden Sehers als „wesentliche Metapher" zu verstehen. Dabei kommt es nicht in erster Linie auf die psychologische Glaubwürdigkeit der Situation an, wenngleich Strecken des Romans der Erstellung dieser Glaubwürdigkeit zu dienen scheinen; es kommt vielmehr auf die grundsätzliche Paradoxie der Disposition jenseits aller psychologischen Motivierung an. Denn erst das paradoxe Verhältnis Gantenbeins zu seiner Umwelt macht ihn zum Außen-

[3] Tagebuch 1946–1949, S. 425.

seiter, macht seine Situation zum außergewöhnlichen Fall. Nicht in der wirklichen Blindheit Gantenbeins, sondern in der scheinbaren wurzelt die Erzählung. Ihre Widersprüchlichkeit ist durch die Widersprüchlichkeit der „wesentlichen Metapher" ermöglicht.[4] Die Frage, auf welche Weise dieser Zusammenhalt der bisher ausgemachten Themenbereiche von Eifersucht und Möglichkeit ihrer Überwindung, von Tod und Leben angesichts des Todes, von Rollenexistenz und Verweigerung der Rollenexistenz, von Zeit und Zeitlosigkeit, erstellt wird, ist nicht zu beantworten, bevor nicht der Stellenwert des durch die „wesentliche Metapher" dem Komplex zugefügten neuen Themas der Erkenntnis und der Erkenntnisunmöglichkeit, der Wahrheit und der Scheinhaftigkeit des Erkennens ausgemacht ist. Daß die paradoxe Situation Gantenbeins das Ihre zur Irritation des Lesers beiträgt, genügt als Erklärung nicht. Berücksichtigt sie doch nicht die Auswirkungen dieser Situation für das Erzählte. Am Ende der Suche nach der Wahrheit seines Verhältnisses zu Lila muß Gantenbein erkennen, daß die von ihm gefundene Wahrheit nicht die des Verhältnisses ist, nicht die des zu Erkennenden, sondern die des Erkennenden selbst, die Wahrheit seiner Projektion. Was er sah, war Entwurf; was er feststellte, war Vorstellung. Wenn in diesem entscheidenden Punkt das von Gantenbein Erkannte als Projektion gekennzeichnet wird, wenn zum andern die Situation des blinden Sehers als „wesentliche Metapher" strukturbildend für die Erzählung ist, dann ist die Frage nach der „Wirklichkeit" der Gantenbein-Welt grundsätzlich zu stellen.

Manfred Jürgensens Kennzeichnung der Figurenkonstellation Gantenbein/Enderlin als einer „Manifestation des erzählerischen Bewußtseins" sollte ernst genommen werden. Auch Lila ist für ihn „nur mit den Augen des (vorgestellten) Gantenbein gesehen; nur deshalb erscheint sie als Lila. Hier findet die Farbe natürlich noch deutlicheren Ausdruck als bei Camilla.

---

[4] Die Bedeutung des strukturbildenden Moments der „wesentlichen Metapher" verkennt Kurt Ihlenfeld, S. 131, wenn er an den Roman die Frage der Wahrscheinlichkeit der Situation verbunden mit der der Glaubhaftigkeit der Geschichte stellt: „Wenn ich schon von Unbehagen rede, muß ich gleich hinzufügen, daß mir solches vor allem der das Buch recht eigentlich in Gang bringende und in Gang haltende ‚Trick' bereitet, daß Frisch nämlich seinen Helden nicht etwa, wozu es ja durchaus, unfallsweise hätte kommen können, wirklich, sondern nur scheinbar erblinden läßt. Man kann sich gewiß auch im gewöhnlichen Leben dumm oder taub stellen, warum nicht auch blind, aber man tut es doch nur gelegentlich, hier aber wird eine ganze ‚Geschichte' daraus entwickelt, ohne daß sie freilich recht glaubhaft würde."

Beide werden aus der Sicht einer lilafarbenen Brille erfahren"[5]. Die Beobachtung ist zu verschärfen. Nicht zufällig ist ja die Identifikation von Farbe und Name. Sie kann eine Identifikation der Person, die den Namen trägt, mit dem, was die Farbe bedeutet, anzeigen. Dabei ist genau auf die Abfolge im Aufbau des Textes zu achten. Beim Kauf der Blindenbrille nämlich wird sich Gantenbein zum ersten Mal seiner Rollenexistenz bewußt. Er spricht mit der Verkäuferin nicht in der Mundart, sondern auf Hochdeutsch. „Ich halte es für besser, meine Rolle auf Hochdeutsch anzutreten. Ich habe stets ein Gefühl von Rolle, wenn ich Hochdeutsch spreche, und damit weniger Hemmungen." (36) Das Gefühl der Rolle wird ihn nicht mehr verlassen. Es ist aber untrennbar verbunden mit dem Farbwert lila. Als er die Blindenbrille aufsetzt, ist sein erster Eindruck: „das Fräulein in Weiß: jetzt grau wie Asche, lila-grau". Alles, was Gantenbein in Zukunft sehen wird, wird von dieser Farbe bestimmt sein. „Ihre vollen weichen Lippen, jetzt violett wie reife Pflaumen ... ihre Herbstzeitlosenhaut ... Zürich ist eine blaue Stadt, nur meine Brille macht sie aschgrau, so daß man Angst bekommt, aschgrau mit einem Stich ins Lila ... Möwen sind lila. Auch die Helme der Polizei sind lila ... ihre violetten Schuhe" (38 ff.). Über die Beschreibung von Gantenbeins ersten Erfahrungen mit der Blindenbrille hinaus haben diese Beobachtungen signifikativen Charakter. Die Farbe entfremdet die Wirklichkeit für Gantenbein gerade in der Situation, die er wählt, um „wirklich" sehen zu können. Seine Suche nach der Wahrheit seines Verhältnisses zu Lila beginnt mit der Entfremdung der zu beobachtenden Wirklichkeit. Dabei wird ihm seine eigene Gestalt in der Rolle fremd. „Im Spiegel, ja, ich sehe gerade noch, daß es keine Tür ins Freie ist, sondern ein Spiegel, sehe ich einen Mann von meiner Gestalt, ohne zu wissen, ob der Mann im Spiegel, dessen Augen nicht zu sehen sind, mich gleichfalls erkennt. Als ich näher trete, um seine Augen zu sehen, kommt der Andere auf mich zu wie ein Blinder, der nicht ausweicht, so, als wolle er durch mich hindurchgehen" (39 f.). Alles, was Gantenbein sieht, wird in Zukunft fremd sein, wird lila sein. Lila aber ist die Wirklichkeit gerade nicht. Der Farbwert steht als Signal für eine durch die Rollenexistenz bedingte entfremdete Erfahrung von der Wirklichkeit, die doch zugleich allein die Erfahrung

---

[5] Manfred Jürgensen, Max Frisch — Die Romane, Bern und München 1972, S. 185 ff. Vgl. Wolf R. Marchand, Max Frisch, Mein Name sei Gantenbein. In: ZfdPh 87 (1968), S. 510–535, hier 519 und 525.

Gantenbeins in seiner Rolle ist. In der Rolle ist „lila" seine Sicht von der Wirklichkeit. Keine andere Erfahrung von ihr wird ihm als Gantenbein möglich sein als diese, keine andere aber auch wird ihn so sehr von ihr entfremden.

Damit weist lila über die Funktion als Farbwert hinaus und steht für die in der Situation Gantenbeins notwendige Erfahrungsweise der Projektion, des „Wahns", wie es in bezug auf das Eifersuchtsmotiv heißt. Wenn nun Max Frisch die Figur, die der Rollenexistenz Gantenbeins entspricht, mit dem Namen der Farbe belegt, die für die Erfahrungsweise der Projektion steht, dann ist Lila selbst als Verkörperung dieser Erfahrungsweise aufzufassen. In diesem Sinne ist sie nicht eigenständige Figur des Romans, sondern Personifikation der Erfahrungsmöglichkeiten Gantenbeins. Sie ist Projektion, nicht nur, weil der Erzähler es direkt sagt: „Mein Name sei Gantenbein. Ich stelle mir vor: mein Leben mit einer großen Schauspielerin... Ihr Name sei Lila" (124).

Lila ist der Name für die entfremdende Erkenntnisweise Gantenbeins. Eigenständige Figur des Romans wird sie, um das „Beispiel" Eifersucht als Geschichte erzählbar zu machen. Als Person aber ist sie abhängig von Gantenbeins Rolle. Nur so lange er in dieser Rolle verharrt, gibt es für ihn Lila — als Farbe und als Person. Konsequenterweise verläßt ihn Lila, als er die Blindenbrille ablegt. Wenn Lila aber gestaltgewordene Projektion der Erkenntnismöglichkeiten Gantenbeins in seiner Rolle ist, dann erklärt sich einmal, daß sie Beruf und Status wechseln kann. Sie kann Schauspielerin sein, italienische Contessa, Mutter. Denn sie spielt nicht nur eine Rolle — wie Gantenbein — sie ist ganz und gar Rolle. Als Projektion Gantenbeins hat sie kein Eigendasein. Zum andern erklärt sich auch, daß sie „neben gewissen Backfischen der jüngsten Literatur, neben Lolita und Grassens Tulla als blutloser Schatten wirkt"[6]. In ihr eine eigenständig handelnde Figur sehen zu wollen, hieße ihre Funktion innerhalb des Romans verkennen. Sie existiert nur, so lange Gantenbeins Rolle existiert, da sie als deren — freilich als in der Erzählung objektiviertes — Korrelat fungiert. Als solches und um der Darstellung des Eifersuchtsmotivs willen behauptet sie als Figur Eigenständigkeit.

Erneut zeigt sich — auch in der Komposition der Figuren — die gewollte Widersprüchlichkeit des Romans. Als Projektion Gantenbeins ist Lila in

---

[6] Holthusen, S. 213; ähnlich Manthey, S. 218: „Das Buch zerfällt... in blasse Schemen. Zu diesen Schemen gehört leider auch Gantenbeins Gefährtin Lila".

der Tat „blutloser Schatten". Zugleich aber ist sie um der Erzählung willen die Gantenbein korrespondierende Figur. Als Figur der Erzählung handelt sie, als Projektion Gantenbeins ist sie ohne eigene Existenz.

Lila als Name für die Summe möglicher Projektionen Gantenbeins wird zum integrierenden Bestandteil der metaphorischen Ausgangssituation des Romans. Sie ist das in der Erzählung objektivierte Korrelat des Entwurfcharakters der Gantenbein-Geschichte. So gewinnt auch sie als Figur Anteil an der Bedeutung der „wesentlichen Metapher" für die Erzählung. An ihr dokumentiert sich wie an keiner anderen Figur des Romans — Gantenbein ausgenommen — die Scheinhaftigkeit des Erkannten. Denn das einzig von Gantenbein Erkannte und Erkennbare ist Lila. Als Gegenüber Gantenbeins wird sie identifiziert mit der in der Blindenrolle die Erkenntnis entfremdenden Farbe. Lila ist damit zugleich der Name für die absolute Widersprüchlichkeit der Situation Gantenbeins. Denn als Blinder will er erkennen. Er kann aber nur die durch die Blindenrolle aufgenötigten Projektionen erkennen. Er wird sich immer nur seiner eigenen Situation als Blinder vergewissern können, einer Situation, die er nur zum Schein wählte, um nicht getäuscht werden zu können. Indem sich Lila als personifiziertes Korrelat für Gantenbeins Situation erweist, wird die Scheinhaftigkeit seiner Situation, seine eigene Täuschung zu seiner Wirklichkeit.

Daß Lila Projektion Gantenbeins ist, daß ihre Existenz an seine der Blindenrolle gebunden ist, zeigen nicht nur die Szene des Kaufs der Blindenbrille und die ausdrückliche Bemerkung „Ich stelle mir vor ... Ihr Name sei Lila". Am Ende des Verhältnisses der beiden gibt es eine Regieanweisung, die freilich auch als Überlegung Gantenbeins gedacht werden kann. „Wozu jetzt noch die Blindenehe?" (482) heißt es, als Gantenbein feststellen muß, daß er nicht von Lila, sondern von seinen eigenen Projektionen über die Wirklichkeit betrogen worden ist. „Er staunt. Ihre Freude, daß sie wieder zuhause ist, jahrelang hat Gantenbein getan, als glaubte er daran, und sieht erst jetzt, wie vollkommen ihr Spiel gewesen ist, haargenau wie die Wirklichkeit jetzt." (483) Wirklichkeit und Spiel sind identisch in einem vertauschbaren Sinne. Was Gantenbein als Spiel ansah, als Trug, war Wirklichkeit; was er für Wirklichkeit hielt, war Spiel seiner Vorstellung. „Wozu jetzt noch die Blindenehe?" — sie hat ihre Aufgabe der Vertauschung der Werte erfüllt. In dem Augenblick, in dem Lila zur „Wirklichkeit" wird, ist Gantenbeins Blindenrolle überflüssig, ja unmöglich geworden.

Deutlicher aber zeigt sich, daß Lila nur Projektion Gantenbeins ist, in seinem Versuch, sie „von außen" zu sehen. Um ihren „Verrat" endgültig zu dokumentieren, versteckt er ein Tonbandgerät, das ihre Gespräche während seiner Abwesenheit aufzeichnet. Über den Versuch hinaus, Lila des Betrugs zu überführen, geht es Gantenbein um die Bestätigung, daß Lila für ihn „außen" ist, und zwar auf doppelter Ebene; außen einmal im Sinne der Eifersucht, „daß ein Wesen, das uns ausfüllt, zugleich außen ist"; außen zum andern im Sinne der Bestätigung seiner eigenen Existenz. Denn ist Lila „außen", d. h. Wirklichkeit für ihn, dann ist auch er Wirklichkeit für sie. Ist sie aber nur Projektion seiner selbst, dann bleibt das Problem seiner Existenz ungelöst. Die Tonbandaufzeichnungen aber klären nichts: „Verrat (wenn man es einmal so nennen will) hat nicht stattgefunden, ich lösche die Spule, die mich nur eines gelehrt hat: Ich lechze nach Verrat. Ich möchte wissen, daß ich bin. Was mich nicht verrät, verfällt dem Verdacht, daß es nur in meiner Einbildung lebt, und ich möchte aus meiner Einbildung heraus, ich möchte in der Welt sein. Ich möchte im Innersten verraten sein. Das ist merkwürdig. (Beim Lesen der Jesus-Geschichte hatte ich oft das Gefühl, daß es dem Jesus, wenn er beim Abendmahl vom kommenden Verrat spricht, nicht nur daran gelegen ist, den Verräter zu beschämen, sondern daß er einen seiner Jünger zum Verrat bestellt, um in der Welt zu sein, um seine Wirklichkeit in der Welt zu bezeugen...)" (419). Lila „von außen" wäre der Verrat, wäre aber zugleich Bestätigung der Gantenbeinexistenz als wirklicher Existenz. Die nur vorgestellte Erkenntnis würde zu wirklicher Erkenntnis. Damit hätte die Gantenbeinexistenz ihren Rollencharakter verloren. Das blinde Sehen Gantenbeins könnte sich als Sehen des Wirklichen bestätigen. Die Rolle würde als Rolle überflüssig, sie könnte aufgehen in Wirklichkeit. Das Scheitern der immer neuen Versuche, die Projektionen zu objektivieren, zwingt Gantenbein schließlich zur Aufgabe seiner Rolle mit der diese Versuche desavouierenden Feststellung: „Ich bin blind" (487). Am Ende seines Gantenbein-Kommentars bestreitet Max Frisch selbst die Möglichkeit, Lila als eigenständige Figur des Romans aufzufassen. „Lila ist eine Chiffre für das Weibische, das andere Geschlecht, wie das Buch-Ich es sieht, seine Chiffre, von der er nicht loskommt."[7]

Lila als Chiffre des Buch-Ich, als Projektion Gantenbeins erklärt auch ihren Beruf als Schauspielerin. Kein Beruf präsentiert in so auffälliger

---

[7] Ich schreibe für Leser, S. 22 f.

Weise das Widerspiel von scheinhafter und wirklicher Existenz wie gerade dieser.[8] Kein anderer kann so sinnbildlich Lilas Verhältnis zu Gantenbein noch einmal vorstellen. Reproduziert er doch dieses Verhältnis in der Person Lilas. Auch hierfür gibt Max Frisch im ersten Tagebuch einen Hinweis. „Schauspieler, sagt man, können nur vom Theater sprechen. Das ist richtig: vom Theater, nicht über Theater ... Im Grunde, und das ist wohl das Rasch-Verbindende und das Langsam-Abstoßende ihres Umgangs, sprechen sie stets von der eignen Person; das Theater ist ein immer neuer Mantel dieser Person. Es ist kein Zufall, daß ich vom Schauspieler rede, nicht von der Schauspielerin — kein Zufall, daß die schauspielerische Eitelkeit auf die eigene leibliche Person besonders am männlichen Vertreter auffällt. Das Weib ist schauspielerisch von Natur." Was hier als „Eitelkeit" benannt wird, wird dann grundsätzlicher gefaßt und mit einer Charakterisierung des Weiblichen verbunden. „Das Widermännliche: das scheinbar Uneigene des Weibes, das sich formen läßt von jedem, der da kommt, das Widerstandlose, Uferlose, Weiche und Willige, das die Formen, die der Mann ihm gibt, im Grunde niemals ernst nimmt und immer fähig ist, sich anders formen zu lassen: das ist es, was der Mann als das Hurenhafte bezeichnet, ein Grundzug weiblichen Wesens, das Weiblich-Eigene, dem er niemals beikommt. Man könnte es auch das Schauspielerische nennen. Das Spiel der Verwandlung, das Spiel der Verkleidung."[9] Lila existiert nicht aus sich, sie existiert in immer neuen Verwandlungen der durch die „wesentliche Metapher" ermöglichten Projektionen.

Mit der Situation des vermeintlich blinden Sehers hat sich Max Frisch eine Metapher geschaffen, die die Möglichkeit für die Darstellung der Rollenexistenz eröffnet. Denn nicht nur die Figur der Schauspielerin Lila erklärt sich aus ihr, auch die „Kontrastfigur" Enderlin ist angewiesen

---

[8] Unverständlich ist mir deshalb, daß Jürgen Manthey, S. 281, im Hinblick auf die Wahl des Berufes für Lila von „knabenhafter Phantasie" sprechen kann: „Bei der Zusammensetzung der Wirklichkeit in diesem Buch ist denn auch geradezu knabenhafte Phantasie am Werk gewesen. Lila ist, fast hätten wir gesagt natürlich, Schauspielerin. Das Auto, von dem Gantenbein beinahe überfahren wird, ist nicht etwa ein Gemüsekarren oder ein Vertreterwagen. Nein, eine Kokotte entsteigt ihm duftumwoben, — auch das ein Wort für ein prosaisches Gewerbe, das auf durch und durch unschuldige Teilnahme am Air des Anrüchigen schließen läßt". Diese Beurteilung verkennt völlig den Funktionszusammenhang, in den Max Frisch den Beruf Lilas stellt. Sie reduziert den Roman auf das Erzählen einer „wirklichen" Geschichte.

[9] Tagebuch 1946–1949, S. 317 ff.

auf die Ausgangssituation des Romans. Während Gantenbein und Lila nur in gegenseitiger Abhängigkeit ihrer Rollen existieren, ist Enderlin bewußt als Gegenposition gesetzt: als Versuch einer Existenz ohne Rolle. Aber gerade an ihm erweist sich die „Wirklichkeit" dessen, was für Gantenbein Attitüde ist. „Enderlin kann keine Rolle spielen" (182), und doch ist er der „fremde Herr" (104, 408 f.) in der Begegnung mit Lila, die vollkommene Rolle in dem Versuch, die Zeit zu überwinden, der Wirklichkeit zu entgehen. „Man kennt das; früher oder später kommt es zum Vorschein: Wirklichkeit eines Milieus, eine Familie, eine Geschichte, wirklich und verzwickt-gewöhnlich. Aber er mag es nicht wissen." (409 f.) Enderlins Kontrastposition zu Gantenbein resultiert aus seinem Wissen um die Rollensituation jeder Existenz und dem Versuch, ihr zu entgehen, wo immer es ihm möglich ist. Möglich ist es ihm bei seinem Ruf nach Harvard, möglich ist es ihm nicht bei seiner Begegnung mit Lila.

Ein anderes Verhältnis zur Rolle hat Camilla Huber. Sie weiß um Gantenbeins Rolle und weiß, daß Gantenbein die ihre durchschaut. Wie Enderlin ist Camilla in bezug auf das Problem der Rollenexistenz Kontrastfigur zu Gantenbein, freilich in entgegengesetzter Richtung. Ist in Enderlins Figur das Fatale der Rollenexistenz angesprochen, das Unausweichliche trotz besseren Wissens, in Camilla dominiert das Spielerische, in ihr präsentiert sich die vollkommene Attitüde. Enderlin erfährt in dem Versuch, der Rolle zu entgehen, das Unmögliche dieses Unterfangens, Camilla durchschaut das Rollenspiel und läßt es geschehen. Nicht zufällig ist es Camilla Huber, die durch Gantenbein mit Enderlins Situation konfrontiert wird, nicht zufällig ist ihre Antwort auf Gantenbeins Frage unproblematisch und kommt ohne Zögern. „Camilla Huber, befragt, was sie wohl tun oder lassen würde, wenn sie nur noch ein Jahr zu leben hätte, bestenfalls ein Jahr, weiß es sofort: ‚— nicht mehr arbeiten.' ... Es ist das erste Mal, daß Camilla keine Geschichte braucht; sie erfindet sich selber eine, scheint es, wortlos: — ihr letztes Jahr auf Erden, eine Geschichte mit Wandlung vermutlich, eine Geschichte, die aufgeht in Sinn, eine tröstliche." (247 f.) Enderlins Erkenntnis der Sinnlosigkeit des Lebens angesichts des Todes wird für Camilla zu einer sinnvollen Geschichte. „Nicht mehr arbeiten" hieße für sie, die Rolle als Spiel aufgeben zu können. Für Enderlin hat die Rolle dieses spielerische Ansehen nicht. Für ihn wird sie da erst fatal, wo sie für Camilla aufhört: in der Aufgabe ihres Berufs.

Aus der Perspektive der Figurenkonstellation zeigt sich Gantenbein als Vermittler. Er überträgt das Problem Enderlins auf die Situation Camilla

Hubers, überträgt im wörtlichen Sinne den Ernst der fatalen Rollenexistenz in den Bereich des spielerischen Umgehens mit der Rolle. Camilla aber in ihrer spielerischen Haltung ist es, die gelegentlich die doppeldeutige Wahrheit der Rollenexistenz ausspricht. Gantenbein erzählt ihr von dem Verhältnis Enderlins zu Lila, seiner Frau, und von seiner Eifersucht. Camilla, „als Frau ganz auf der Seite ihres blinden Kunden: ‚— ich kann nicht glauben, daß das ein feiner Kerl ist!' ‚Warum nicht? ' frage ich sachlich-nobel. ‚Sonst würde er das nicht tun.' ‚Was', frage ich, ‚was würde er nicht tun?' ‚Eben', sagt sie, ‚was Sie sich vorstellen.'" (177). Daß Gantenbein es sich vorstellen kann, „ist das Wahre an der Geschichte" (180). Auch in der Vermittlerposition innerhalb der Figurenkonstellation erfüllt Gantenbein den an seine Situation als „wesentlicher Metapher" zu stellenden Anspruch. Durch ihn vermittelt wird die Problematik der Rollenexistenz als eine Scheinexistenz auf den extremen Ebenen der Figuren Enderlin und Camilla Huber durchgespielt. Das „tröstliche" Ende für Camilla freilich bleibt aus. Als sie versucht, ihre „Geschichte mit Wandlung" endlich zu verwirklichen, abgesichert durch den „Vertrag" mit Gantenbein, Stillschweigen zu wahren über ihre bisherige Rollenexistenz, wird sie ermordet. Auch sie entgeht nicht der Fatalität der Rolle.

Die bisherigen Beobachtungen können ein Doppeltes verdeutlichen: Einmal können sie zeigen, daß Max Frisch in ähnlicher Weise, wie er für Shakespeares *Othello* erkannt hatte, eine als „wesentliche Metapher" zu kennzeichnende Ausgangssituation für den *Gantenbein* wählt, die den auseinanderstrebenden Erzählteilen ihren problematischen Zusammenhalt gibt. Zum andern wird durch sie die Todesproblematik mit der Frage nach der Möglichkeit des Erkennens verbunden, eine Verbindung, die in der Darstellung extremer Positionen im Verhältnis zur Rollenexistenz ihre Konkretisierung erfährt. Die Erklärung dieser Verbindung allerdings steht weiterhin aus und scheint durch den Hinweis auf die „Rollenexistenzen" des Romans eher erschwert. Hinzu kommt, daß wir — wie auf der Ebene der „wesentlichen Metapher" — auch auf der Ebene der Metaphernsprache der Erzählung zunächst keine Antwort erhalten, sondern erneut und verschärft das Problem vor Augen gestellt bekommen.

Wie eine metaphorische Engführung der Themenbereiche Tod und Erkenntnis mutet jene Metapher vom „Morgengrauen" an, die an den entscheidenden Stellen des Romans, in der Exposition und in der Mitte, eingesetzt ist.

„Das Morgengrauen vor dem offenen Fenster kurz nach sechs Uhr erschien wie ein Felswand, grau und rißlos, Granit: — aus diesem Granit stößt wie ein Schrei, jedoch lautlos, plötzlich ein Pferdkopf mit weitaufgerissenen Augen, Schaum im Gebiß, aufwiehernd, aber lautlos, ein Lebewesen, es hat aus dem Granit herauszuspringen versucht, was im ersten Anlauf nicht gelungen ist und nie, ich seh's, nie gelingen wird, nur der Kopf mit fliegender Mähne ist aus dem Granit heraus, wild, ein Kopf voll Todesangst, der Leib bleibt drin, hoffnungslos, die weißen Augen, irr, blicken mich an, Gnade suchend —

Ich machte Licht.
Ich lag wach.
Ich sah:
— unversehens erstarrt, eine Mähne aus roter Terrakotta, leblos, Terrakotta oder Holz mit einem kreideweißen Gebiß und mit glanzschwarzen Nüstern, alles kunstvoll bemalt, lautlos zieht sich der Pferdekopf langsam in den Fels zurück, der sich lautlos schließt, rißlos wie das Morgengrauen vor dem Fenster, grau, Granit wie am Gotthard; im Tal, tiefunten, eine ferne Straße, Kurven voll bunter Autos, die alle nach Jerusalem rollen (ich weiß nicht, woher ich das weiß!), eine Kolonne von bunten kleinen Autos, spielzeughaft.
Ich klingelte.
Draußen regnete es.
Ich lag mit offenen Augen." (14 f.)

Als „metaphorische Engführung" erschließt sich diese Stelle freilich zunächst nicht. Näher liegt eine Erklärung auf der psychologischen Ebene, die die Situation beschreibbar macht: Ein Kranker erwacht aus einer Ohnmacht, sieht erst undeutlich an der Wand seines Krankenzimmers ein Halbrelief, die Darstellung eines Pferdekopfes aus Terrakotta oder Holz. Seiner Sinne noch nicht mächtig, glaubt er ein lebendiges Pferd zu sehen, das aus einer Felsenwand herauszuspringen versucht. Das Licht aber zerstört den Wahn und zeigt die Wirklichkeit des Bildes, die wiederum aufgehoben wird in der Vision von den „bunten kleinen Autos, die alle nach Jerusalem rollen".

Der Aufbau des Bildes ist streng symmetrisch, ja es ist von gegenläufiger Wiederholung zu sprechen: zweimal das Bild des Pferdekopfes, einmal aus dem Granit herausspringend, einmal sich in ihn zurückziehend; zweimal die Metapher vom „Morgengrauen vor dem offenen Fenster". Unterbrochen wird der doppelte Aufbau des Bildes durch den Hinweis auf die Situation, grammatikalisch als Unterbrechung durch den Tempuswechsel gekennzeichnet: „Der Leib bleibt drin... Ich machte Licht. Ich lag wach. Ich sah... lautlos zieht sich der Pferdekopf langsam in den Fels zurück". Steht am Anfang die Erscheinung („Das Morgengrauen... erschien"), so jetzt das Sehen („Ich sah"). Aber das Sehen endet wie im Traumbild, neuerdings unterbrochen durch die Wiederholung des dreimaligen Hinweises auf die Situation im Krankenzimmer: „Ich klingelte. Draußen regnete es, Ich lag mit offenen Augen". Der formalen Parallelität im Aufbau des Doppelbildes korrespondiert seine inhaltliche Gegensätzlichkeit sowohl hinsichtlich der Bildebene wie hinsichtlich der Bedeutungsebene. Hinzu kommt, daß innerhalb des Aufbaus der beiden Teile des Bildes auch formale Gegenläufigkeit vorherrscht. Der erste Teil beginnt mit der Gleichsetzung von Morgengrauen und Granit, beschreibt dann den vergeblichen Versuch des Pferdes, aus dem Granit herauszuspringen, und endet mit dem Bild des Kopfes „voll Todesangst". Der zweite Teil wiederholt den Aufbau gegenläufig: zunächst das Bild des Pferdekopfes, dann die Beschreibung seines lautlosen Verschwindens, um mit der Gleichsetzung von Granit und Morgengrauen zu schließen. Damit nicht genug. Die Beschreibung des Pferdekopfes selbst ist in den beiden Bildteilen gegensätzlich. Dem Pferdekopf des ersten Teils „mit weitaufgerissenen Augen, Schaum im Gebiß, aufwiehernd, mit fliegender Mähne" — einem Bild also „voll Todesangst" — steht ein Pferdekopf „mit einem kreideweißen Gebiß und mit glanzschwarzen Nüstern" — ein Bild also voll Lebens — gegenüber. Aber gerade dieses Bild ist in Wirklichkeit Bild, „leblos, Terrakotta oder Holz". Demgegenüber ist das vom Tod gezeichnete Pferd lebendig in seiner Todesangst. Auf der Bedeutungsebene des Doppelbildes fand eine Vertauschung statt: Das lebendige Pferd ist vom Tod umstellt, das leblose Pferd zeigt ein Bild des Lebens. „Leblos" ist dieser zweite Pferdekopf in gesteigerter Bedeutung zu nennen, ist er doch leblos nicht, weil er vom Leben geschieden ist, sondern weil er dem Leben grundsätzlich fremd ist. „Ein Lebewesen" hingegen ist das erste Pferd nur angesichts des Todes.

Die Feststellung dieser Vertauschung genügt noch nicht, berücksichtigt sie doch nicht jene die Widersprüchlichkeit des Bildes noch einmal aufgreifende und verschärfende Gegensätzlichkeit von Wahn und Wirklichkeit.

Das lebendige, aber vom Tode gezeichnete Pferd ist ja Gegenstand des Wahns, Gegenstand eines bedrückenden Traumes, das leblose Pferd aber ist in der Tat wirklich, es ist vorhanden, zu greifen, „Terrakotta oder Holz". Auf der Ebene dieser Beobachtung ist das Bild erneut umzudenken: Das geträumte, das vorgestellte, nicht existierende Pferd ist das lebendige und zugleich „hoffnungslose, Gnade suchende" Tier. Das wirkliche aber, das tatsächlich existierende, das sich so lebendig vorstellt „mit einem kreideweißen Gebiß und mit glanzschwarzen Nüstern", ist ohne Leben „aus roter Terrakotta".

In immer neuen Brechungen des Widerspiels sich entsprechender und zugleich widersprechender Elemente enthüllt das Doppelbild des Pferdekopfes auf korrespondierenden Ebenen der Deutung seine bis zur Widersprüchlichkeit gesteigerte Doppeldeutigkeit. Tod und Leben, Wahn und Wirklichkeit werden in doppelter Weise austauschbar: untereinander und miteinander. So kann Tod zu Leben werden und Leben zu Tod. Was als Leben erkannt wird, ist doch nur erkannter Wahn. Die Traumvorstellung aber gibt dem Toten Leben. Daß die Summe der Widersprüchlichkeiten doch nicht die Metaphorik aufhebt, ist auch hier Ergebnis der Einbettung des Doppelbildes in die Situation des „vermeintlichen" — d. h. in diesem Fall „geträumten" — Sehens. Die Irritation über das Verhältnis von Leben und Tod, von Wahn und Wirklichkeit ist vollkommen. Insofern ist in der Tat von einer „metaphorischen Engführung" der Themen des Romans zu sprechen.

Dies gilt auch für das Thema der Rollenexistenz. Denn die Situation des Pferdes, das „aus dem Granit herauszuspringen versucht", aus dem Granit des „Gotthard" — Chiffre für Eingeschlossensein und Sichabschließen[10] — markiert zu deutlich die Situation dessen, der sich der ihn einschließenden Rolle zu entziehen sucht. Die Unmöglichkeit dieses Unterfangens steht fest. Die Bildsprache braucht keine Erklärung: „lautlos zieht sich der Pferdekopf langsam in den Fels zurück". Die Konsequenz des Bildes deutet dann aber auch die unabwendbare Rollenexistenz als Existenz „voll Todesangst", als ein Leben, das vom Tod umstellt ist.

Hier erst offenbart der Ausdruck „Morgengrauen" seine metaphorische Tiefe: Das Grauen des Tages wird zu einem Grauen vor dem Tag, zur Angst vor der „hellen" Todesexistenz der Rolle. Zugleich bindet die Metapher das Bild vom Pferdekopf an die Situation Gantenbeins. Denn grau

---

[10] Vgl. Haberkamm, S. 366.

ist der Granit und der Morgen vor dem Fenster, grau aber auch, „lila-grau" (38) ist die Welt für Gantenbein. In „Dämmerung, Zwielicht, Sonnenfinsternis" (ebd.) lebt der, der die Blindenbrille trägt. „Morgengrauen" ist Gantenbeins Zeit.

Gelöst vom Bild des Grauens — nicht nur auf der Ebene der Farbe — steht allein das Bild der „bunten kleinen Autos, die alle nach Jerusalem rollen".

IV. Jerusalem

Des öfteren schon machte die Analyse bei Jerusalem halt. Vieles läuft auf diese Mitte des Romans zu. Dennoch scheint des Buch-Ich Aufenthalt in Jerusalem keine unmittelbaren Auswirkungen für die verschiedenen „Geschichten" des Romans zu haben. Einmal noch, bei der Begegnung mit Svoboda, wird an Jerusalem erinnert. Die Frage „was hast du denn da gemacht?" (401) geht allerdings unter in Svobodas Geschäftigkeit, um dann nur noch Anlaß unverbindlichen Erzählens zu sein. Diese Unverbindlichkeit aber ist nur wieder als negative Spiegelung der Bedeutung der Jerusalem-Episode (238 ff.) aufzufassen. Schon die Aufdringlichkeit des Beweises, daß entgegen den Projektionen und Entwürfen des Romans diese Reise tatsächlich unternommen worden ist („Ich habe, um über die Grenzen der arabischen Staaten zu kommen, nicht weniger als sechs Taufscheine verbraucht, dies nebenbei; nur um zu sagen, daß ich diese Reise tatsächlich gemacht habe"), hebt das Geschehen in Jerusalem von den übrigen Erzählpartien ab. Die Tatsächlichkeit des Unternehmens kann aber noch nicht dessen „Wahrheit" bezeugen. Die Identifikation von Wirklichkeit und Wahrheit stellt sich nicht ein, wenngleich die Reise eben diesem Versuch der Identifikation gilt: „Und ich weiß schon jetzt, daß es auch nach Stunden, wenn ich besichtigt habe bis zur Erschöpfung, nicht wahr wird".

Was aber sollte „wahr" werden in Jerusalem? Was könnte hier wahr werden? Jerusalem erscheint „nach Kurven durch ein totes Tal" plötzlich „hoch über der Wüste, bernsteingelb, Gemäuer in der Morgensonne". So der Eingang der Episode. So der Schluß der Episode: „ringsum nichts als Wüste, Täler und Berge aus gelbem Sand, kein weiteres Dorf, kein Gehöft, Jerusalem ist die einzige Stadt unter dem Himmel, die Sonne kreist um Jerusalem". Beidemale haben wir die gleichen Präferenzen im Bild. Jerusalem ist abgesetzt gegen die Wüste, gegen das „tote Tal". Sie ist die Stadt der Sonne, die Stadt der Morgensonne. Jerusalem ist nicht die Stadt des Morgengrauens. Das Leben hat denn auch hier Raum wie kaum an anderer Stelle des Romans: „Araber, Wiehern eines Esels, mein Hiersein als Tatsache ... Ich sehe Mönche niederknien im Hof des Pilatus,

Franziskaner... Ich folge dem murmelnden Zug... im Dunklen wird auf Kupfer gehämmert, Esel wiehern auch hier, die Araber hocken vor ihren Buden stumm mit langen Wasserpfeifen, Markt..." Daß Jerusalem nicht die Stadt des Morgengrauens ist, verdeutlicht nicht nur die über ihr kreisende Sonne. Schon das Doppelbild vom Pferdekopf isoliert ja den Zug der „bunten Autos" nach Jerusalem vom Bildbereich der Metapher „Morgengrauen". Die Parallelität der beiden Bildhälften aber legt zugleich die Identifizierung der Schlußsituationen des ersten und zweiten Teils des Doppelbildes nahe. Die bunten Autos, „die nach Jerusalem rollen", antworten dem Gnade suchenden Blick der irren Augen des Pferdes. Jerusalem steht demnach als Zeichen für die Möglichkeit einer „gnadenhaften" Entgegnung der Existenz „voll Todesangst".

Nicht zufällig lautet die erste beiläufige Erwähnung in dem Gespräch Gantenbeins mit dem Amtsarzt: „Wenn Jerusalem, dann an einem Freitag" (70). Ein Freitag ist es dann auch, an dem das Buch-Ich Jerusalem besucht. Der Tag ist nicht unbedacht gewählt. Denn Freitag ist der Gedächtnistag des Todes Christi. Und die Stationen des Besuchs sind folgerichtig die Stationen des Leidensweges Christi: „Ölberg... Damaskus-Tor... das Haus des Pilatus... Schweißtuch der Veronika... Golgatha... Grab". Leicht ließe sich von hieraus die Verbindung zur Todesproblematik des Romans herstellen: Jerusalem als Ort der Erlösung vom Tode durch den Tod. Dies könnte auf einfache Weise auch die exponierte Stellung der Episode im Roman erklären. Aber es gilt bei einer solchen Gleichsetzung vorsichtig zu sein. Denn schon die erste Erwähnung Jerusalems läßt diese Gleichsetzung als allzu voreilig erscheinen. Stellt sie doch „die einzige Stadt" in einen Kontext touristischer Attraktionen. Und gerade der Hinweis auf den Freitag als herausragender Tag steht in diesem Kontext. Erscheint er doch in einer anaphorisch verdeutlichenden Aneinanderreihung von „Tips" für mögliche Reiseziele: „Wenn Spanien, dann die Höhlen von Altamira. Wenn Segovia, dann speisen bei ‚Candido'... Wenn Türkei, nicht versäumen die Moschee von Edirne. Wenn Jerusalem, denn an einem Freitag" (70). Um der Attraktivität willen also soll die Stadt an einem Freitag besucht werden. Attraktiver aber als an anderen Tagen ist sie an diesem wegen des Gedächtnisses des Todes Christi. Nichts ist wohl widersprüchlicher als diese Verbindung von „Gedächtnis" und touristischer Attraktion. In Gantenbeins Hinweis „Wenn Jerusalem, dann an einem Freitag" zeigt sich erneut und verschärft die schon gelegentlich festgestellte Ambiguität der Sprechweise.

Das Interesse Gantenbeins an Jerusalem ist touristischer Art. Und das Buch-Ich in Jerusalem ist Tourist. Wie kaum an anderer Stelle des Romans häufen sich in dieser Episode die Hinweise auf die Situation: „Ich sehe: das Haus des Pilatus ... ich sehe Mönche niederknien ... ich sehe Fleisch". Am Ende des Sehens steht die scheinbar eindeutige Erkenntnis „Alles bleibt Augenschein". Auch dieses Wort ist in das Spiel der Ambivalenz einbezogen. Zwar scheint es nur die Situation des Jerusalem-Besuchers noch einmal zusammenfassend zu kennzeichnen, zugleich gibt es aber auch die Begründung für das dem Besuch schon vorausgehende Wissen, daß Jerusalem „nicht wahr wird". Das Sehen gibt auch hier nichts zu erkennen. Der Schein dominiert. Freilich sieht das Buch-Ich sehr genau: „Hier ist Jesus mit dem Kreuz gestürzt, ich sehe die Stelle, dort ist das Kreuz in den Boden gesteckt worden, zum Grab geht's eine marmorne Treppe hinunter, Kerzendämmerdunkel, Golgatha als Interieur". In dem, was es sieht, kennzeichnet es sein Sehen selbst. Denn es ist nicht fähig, Jerusalem als die „einzige Stadt" zu erkennen, es sieht „Golgatha als Interieur". Das ist die Sichtweise des Touristen. Indem das Buch-Ich sich durch sein Sehen selbst entlarvt, entdeckt es — wenn nicht *die* — so doch *eine* Wahrheit der Jerusalem-Episode. Golgatha nur „als Interieur" erkennen können, heißt zugleich Aufschluß über die eigene Situation geben. Jerusalem *ist* die einzige Stadt, sie wird es weder für Enderlin noch für Gantenbein sein. In diesem Bewußtsein wird das Sehen nun doch zum Erkennen. „Ich sehe die Stelle, wo das Kreuz gestanden hat, der Marmor ist aufgeschlitzt wie ein Kleidungsstück, der nackte Fels wie Fleisch, das Loch im Fels, das Loch für das Kreuz..." Das sind ja wieder Hinweise, die zu Erinnerungen nötigen. Zu erinnern ist an die Expositionsszene des Kleiderkaufs: „Ich probiere Geschichten an wie Kleider" (30); zu erinnern ist an den Adam der Fluchtszene (10 ff.), zu erinnern ist auch an das Morgengrauen, das „grau und rißlos wie eine Felswand" erscheint. Zu erinnern ist schließlich noch einmal an Max Frischs Interview mit Horst Bienek: „Die Wahrheit ist keine Geschichte, sie ist da oder nicht da, die Wahrheit ist ein Riß durch den Wahn...". Wiederum wird eine metaphorische Gleichsetzung nahegelegt, die Gleichsetzung von Kleidern als Geschichten und Wahn, von Riß durch das Kleidungsstück und Aufleuchten der Wahrheit.[1] Dann hieße „Geschichten

---

[1] Werkstattgespräche, S. 25. Es sei zudem auf die naheliegende Assoziation an den Riß durch den Tempelvorhang in der Todesstunde Christi hingewiesen.

anprobieren": die Wahrheit verdecken; dann hieße Entwürfe zu einem Ich machen: das Ich-werden verhindern. Wäre demnach die Situation der „Wahrheit" jene eingangs beschriebene Situation des nackten Flüchtlings, der sich der Kleider als Geschichten entledigt, aber im Irrenhaus endigt? „Jerusalem" nötigt zur Frage nach der Bedeutung der Eingangsszene des Romans.

In mehrfacher Weise besitzt diese Szene (16 ff.) Hinweischarakter. Schon ihre Plazierung im unmittelbaren Anschluß an das erste Auftreten der Morgengrauen-Metapher gibt ihr im funktionalen Zusammenhang des „offen-artistischen" Erzählens einen kennzeichnenden Stellenwert. Als Folge der Vision des erwachenden Kranken ist sie auch situativ mit dem Pferdekopf-Traum verknüpft. Elke, die Krankenschwester, die den erschreckten Träumer zu beruhigen versucht, findet, als sie das zweite Mal kommt, ein leeres Bett. Ohne Erlaubnis hat sich der Kranke ein Bad genommen. Sie überrascht ihn „nackt in Wolken von Wasserdampf". Aber Elke ist für ihn nicht mehr nur Krankenschwester. Sie ist erneute Erinnerung an die schreckhafte Traumsituation des Pferdes. In vorsichtigen Schritten baut Max Frisch in der Montage der Physiognomie die Identität Elkes mit dem Pferd der Traumvision auf: „Ein Mädchen mit wassergrauen oder grünlichen Augen... Ein Mädchen mit falbem Haar und großen Zähnen... eine studentische Ostseebäuerin mit grünen Augen und mit einem Pferdegebiß... sie starrt ihn an". Auch das Motiv der Unmöglichkeit des Ausbrechens wird in der Geste des Fensterschließens durch sie wieder aufgenommen und auf den Kranken selbst bezogen. Sein Traum, durch das Bad kaum unterbrochen, beweist in Elke seine erschreckende Wirklichkeit. Nun eingeschlossen erkennt er seine Situation: er ist nackt. Die Folge ist der Ausbruchsversuch mit dem vorläufigen Ende in der Oper und dem endgültigen in der Nervenheilanstalt. Gesprächsweise erinnert er sich dort selbst noch einmal an die Traumvision, ohne noch verstanden werden zu können: „Er habe einen Schrei ausstoßen wollen, sagte er; dabei saß er vollkommen ruhig, vernünftig, höflich-alltäglich... Dann sagte er nochmals, er habe einen Schrei ausstoßen wollen. Man nahm es zur Kenntnis. Einen Schrei? Er nickte, ja, mit der Dringlichkeit eines Stummen, der sich verstanden wähnt". Als er sich nun im Spiegel sieht, ist er nicht mehr nackt, er trägt einen „Königsmantel", ein Kostüm, das ihm in der Oper ein Bühnenarbeiter gegeben hat. Zum ersten Mal im Roman wird in dieser Szene das Motiv des Spiegels eingesetzt, das im folgenden an allen wichtigen Stationen der Erzählung wiederholt wird.

Und schon hier benutzt Max Frisch das Motiv in auffällig irritierender Weise für die Deutung der Szene. Er stellt nämlich dem durch das „graue Gedampf" beschlagenen Spiegel zu Beginn den klaren Spiegel am Ende der Szene gegenüber. Ohne Spiegel erkennt der Kranke seine Nacktheit, im Spiegel seine Kostümierung. Der Spiegel erfüllt gerade nicht seine Funktion, zu erkennen zu geben. In seiner Bedeutung verkehrt wird hier das Märchenmotiv eingesetzt. Denn der Spiegel zeigt die Oberfläche und verstellt den Blick auf die Nacktheit. Nur einmal, als Enderlin in der Bar auf Lila wartet, zeigt ihn der Spiegel, wie er ist, wiederum in einer Reminiszenz an die Morgengrauen-Metapher. Denn Enderlin hat Elkes „wassergraue" Augen. „Nur die beiden wassergrauen Augen — sie blicken aus dem Spiegel, als wären sie wirklich dort im Spiegel, sein Körper aber außerhalb des Spiegels — sind so, daß er sich darin erkennt..." (107) Die „Erkenntnis" dieses Spiegelbildes orientiert sich an der Anspielung an Elkes Augen. Die Erinnerung aber wird nicht bewußt, sie geht unter im Rauch einer Zigarette, bei der Lektüre einer „fremden Zeitung" und in dem Hinweis: „Schließlich gibt es eine Welt". Auch der Kranke in der Nervenheilanstalt weiß seine Erinnerung nur mehr vorzutragen, nicht mehr zu deuten: „Wieso ein Schrei? Das wußte er nicht". Der Spiegel verunmöglicht das Bewußtwerden des in der Traumvision Erkannten.

Noch zweimal in der Exposition wiederholt sich das signifikante Bild vom Spiegel, einmal in der Szene des Kleiderkaufs mit bewußtem Rückgriff auf die Situation des nackten Flüchtlings: „... man kann ja nicht nackt durch die Welt gehen; also zwinge ich mich, drehe mich vor den verstellbaren Spiegeln" (29), zum andern mit deutendem Sprachgestus im Anschluß an die Fluchtszene: „Es ist wie ein Sturz durch den Spiegel, mehr weiß einer nicht, wenn er wieder erwacht, ein Sturz wie durch alle Spiegel, und nachher, kurz darauf, setzt die Welt sich wieder zusammen, als wäre nichts geschehen" (25). Der mähliche Aufbau des Spiegelmotivs wird parallelgeführt der schrittweisen Erkenntnis des Projektionscharakters der eigenen Geschichten. Der beschlagene Spiegel zeigt nichts und entdeckt doch die Nacktheit des Kranken. Der klare Spiegel zeigt das Kostüm und entdeckt die Kostümierung. Am Schluß steht die Identifizierung von Geschichten und vor dem Spiegel angelegten Kleidern. Als Einschnitt ist die bildhaft deutende Rede vom „Sturz durch den Spiegel" zu werten.

Eine Erinnerung an Max Frischs Stück *Don Juan oder Die Liebe zur Geometrie* scheint angebracht. Im zentralen Gespräch zwischen Don Juan und Don Roderigo versucht Don Juan seinen Freund in der Gewißheit der Liebe seiner Braut zu verunsichern, um als Sentenz anzufügen: „Sei nicht wißbegierig, Roderigo, wie ich! Wenn wir die Lüge einmal verlassen, die wie eine blanke Oberfläche glänzt, und diese Welt nicht bloß als Spiegel unsres Wunsches sehen, wenn wir es wissen wollen, wer wir sind, ach Roderigo, dann hört unser Sturz nicht mehr auf, und es saust dir in den Ohren, daß du nicht mehr weißt, wo Gott wohnt. Stürze dich nie in deine Seele, Roderigo, oder in irgendeine, sondern bleibe an der blauen Spiegelfläche wie die tanzenden Mücken über dem Wasser — auf daß du lange lebest im Lande. Amen".[2] Mit dieser Erinnerung erklärt sich das Bild. Wird doch die Frage „wer wir sind" in den Antagonismus von Lüge und Wißbegier gestellt. Dieser Antagonismus wird eine Gewißheit nicht zulassen. Die Frage entdeckt ihre Abgründigkeit und wird als „Sturz durch den Spiegel", als „lautloser" Schrei erfahrbar. Das Spiegelmotiv ist — wie kaum anders zu erwarten — mit der Frage nach der Erkenntnis der eigenen Existenz verknüpft. Und so weist es doch wieder auf seine Verwendung im Märchen zurück.[3] Im *Gantenbein* aber ist es zugleich so eingesetzt, daß es die Unmöglichkeit dieser Erkenntnis bewußt macht. Der Spiegel zeigt das Kostüm, die Kleider. Erst der verhangene Spiegel bringt die Gewißheit der Nacktheit. „Nacktheit" und „Kleider" stehen als Chiffren für die Grenzen der Erfahrbarkeit der eigenen Existenz. Die Frage „wer wir sind" läuft in entgegengesetzter Richtung auseinander. Weder die Erfahrung unserer „Geschichten" noch der Blick auf die Existenz ohne die die Nacktheit umstellenden Geschichten gibt Aufschluß. Es bleibt das Bild vom „Sturz durch den Spiegel" als Ausdruck der träumerisch erschreckenden Augenblickserfahrung der Unmöglichkeit einer zuverlässigen Gewißheit.

Diese Beobachtungen lassen nun auch den Irrlauf des nackten Träumers in einem neuen Licht erscheinen. Die zunächst scherzhaft gemeinte Erinnerung an das Paradies („Ich bin Adam"), die die prekäre Situation des Nackten auffangen soll, bekommt angesichts von Elkes Pferdegesicht bedrängende Gegenwärtigkeit. An ihrer Figur kann der Scherz sich nicht

---

[2] Max Frisch, Stücke, Bd. 2, Frankfurt/M. 1962, S. 48.
[3] Vom „Märchenmotiv" spricht Wolf R. Marchand, S. 517. Er verbindet das Motiv des „Spiegelsturzes" allerdings nicht mit der Frage nach der Erkenntnisgewißheit über die eigene Existenz, sondern mit der Zeiterfahrung der „Vergängnis": „In diesem blitzartigen Augenblick ist die Zukunft nicht mehr unbeschränkt offen, nicht mehr alles Denkbare möglich... Gantenbein, Enderlin und Svoboda machen alle drei diese Erfahrung der Vergängnis, erkennen die Zukunft wesentlich als Altern."

als Scherz behaupten, da sie die Funktion der erneuten Vergegenwärtigung der Traumvision hat. Eine scherzhafte Erinnerung an die Paradiesessituation ist durch Elke unmöglich gemacht. Im Gegenteil, durch ihr Auftreten wird die Identifikation zwingend. „Ich bin Adam und du bist Eva!" Um auch die Figurenkonstellation der der Paradiesessituation anzugleichen, fungiert der Nachtarzt als „voyeur, wenn auch unfreiwillig", um schließlich den Nackten mit seinem Namen anzureden. „Aber von diesem Augenblick an ist's aus. Rettungslos." Der Nackte, auf seine Adam-Existenz verwiesen, entflieht. Die Figur des Nachtarztes ist wiederum bewußt doppeldeutig. Im Kontext der Paradiesesszenerie ist er Teufel und Gott zugleich, angezeigt durch sein voyeurhaftes Grinsen auf der einen und die die Situation bewußtmachende Nennung des Namens auf der anderen Seite. Der Kranke aber hat keinen anderen Namen als den Adams. Und dies nicht nur, weil er nackt ist. Nicht zufällig weist die Jerusalem-Episode genau an der Stelle, an der vom Kreuz die Rede ist, auf die Exposition mit der Morgengrauen-Metapher und der Adam-Situation zurück, wird doch erst durch diese Rückverweise der quasi heilsgeschichtliche Kontext geschaffen. Im Lichte dieser Rückverweise bekommt die Identifikation des Nackten mit Adam ihre Bedeutung, erhellt sich seine Situation als die Situation nach dem Sündenfall. Nehmen wir den auf die Erkenntnisproblematik zielenden Einsatz des Spiegelmotivs hinzu, so ergibt sich ein stringenter Bedeutungszusammenhang des Szenariums. Erkennenwollen ist ja die Ursünde des Paradieses. Ihre Folge ist die Erkenntnis der Nacktheit. „Sein wollen wie Gott" heißt wissen wollen, was gut und böse ist. Erst aus diesem heilsgeschichtlichen Kontext auch erfährt die „wesentliche Metapher" des blinden Sehers die ihr zukommende Interpretation. Gantenbein nimmt eine Position ein, die ihm am „Beispiel" Lila die Erkenntnis über das, was gut und böse ist, ermöglichen soll. Seine Stellung ist um dieser Absicht willen Außenseiterstellung. Wiederum nicht zufällig ist sein Vorname „Theo", und bei weitem nicht zufällig geschieht die Nennung seines Vornamens nur an zwei Stellen des Romans, zu Beginn seiner „Existenz" als blinder Seher, als er das amtliche Dokument über seine Blindheit erhält (66), und am Schluß, als er Zeuge im Mordprozeß Camilla Huber ist (423), eigentlich selbst der Angeklagte, da er die Wahrheit um seiner Rolle willen verleugnen muß. Die Wahrheit über Gantenbein erfährt auf zunächst unerklärliche Weise das Kind Beatrice. „Man kann nicht naschen, scheint es, ohne daß Papi es weiß. Woher nur? Alles weiß er." Das Kind ist es denn auch, das in naiver Gleichsetzung die

"Wahrheit" von Gantenbeins angenommener Existenz ausspricht: „Alles kommt an den Tag. Man kann nicht lügen. Der liebe Gott und der Papi sind eins". Freilich, auch für Beatrice kommt die Zeit, wo sie sich dem Allwissenden zu entziehen weiß. Ihre Schlußfolgerung ist wieder kennzeichnend: „dann merkt Beatrice, daß dort, wo Gantenbein nicht hinkommt..., auch der liebe Gott nicht hinkommt" (457 f.). Es bleibt trotz der Erkenntnis der Unzulänglichkeit von Gantenbeins allwissender Position bei der Identifikation mit dem „lieben Gott". In der Tat spielt sich im Roman am Paradigma „Eifersucht" eine Art negativer Heilsgeschichte im Kleinen ab, inszeniert von dem „Gott" Theo Gantenbein.[4]

Noch ein anderes Mal wird eine heilsgeschichtlich bedeutsame Stelle zitiert, die Bekehrung des Saulus auf dem Weg von Jerusalem nach Damaskus. Unmittelbar vor der Kenntnisnahme jener verhängnisvollen Notiz, die ihm vermuteterweise nur noch ein Jahr Lebenserwartung zugesteht, betrachtet Enderlin sein Kardiogramm. Es ist „anzusehen wie eine arabische Schrift, schön, aber rätselhaft, es erinnert ihn an einen Wegweiser in der Wüste zwischen Damaskus und Jerusalem, unlesbar, aber schön, so daß auch Enderlin entzückt ist über die Kalligraphie seines Herzens" (217). Am Ort der Bekehrung des Saulus steht für Enderlin eine Hermes-Säule. Von Saulus heißt es: „er blieb drei Tage blind"[5], um als Paulus sehend zu werden. Enderlin bleibt Enderlin. Der Wegweiser ist ihm unlesbar.

Einmal wird auch er mit der Adam-Situation der Exposition konfrontiert: am Ende seiner Begegnung mit Lila. Als er, um der Wiederholung zu entgehen, für sich das Erlebnis schon abgeschlossen hat, klingelt das Telefon. Es kann nur ein Anruf von Lila sein. Enderlin mit „Herzklopfen" unter der Dusche: „er stand nackt wie Adam". Aber die Erwartung wird getäuscht, der Anrufer: „die Stimme eines Mannes... der ihn, wie verab-

---

[4] In seiner knappen, aber aufschlußreichen Studie (überdies eine der wenigen zustimmenden Rezensionen kurz nach Erscheinen des Romans) hebt Werner Weber diese Position als die die Gantenbein-Figur bestimmende hervor: „Man müßte sehen, ohne zuzusehn, dann wäre das reine Leben möglich — aber zugleich um den Preis des Lebens, oder genauer: um den Preis des Menschen, der es lebt; denn es wäre die Verwandlung in die zeitfreie Instanz...", um resümierend festzustellen: „So zusehen, wie der Mann es wollte und listig tat — so zusehen darf nur Gott; der Mensch ist ins Verstricktsein geboren." (Werner Weber, Tagebuch eines Lesers. Bemerkungen und Aufsätze zur Literatur, Olten und Freiburg 1965, S. 215 und 218).

[5] Apg. 9. 9. Vgl. Ute Eisenschenk, Studien zum Menschenbild in den Romanen von Max Frisch, Diss. Wien 1970, S. 112.

redet, in der Hotelhalle unten erwartete" (124). Auch hier ist Enderlin der Ertappte. Das Herzklopfen verrät ihn in seiner unterdrückten Hoffnung auf eine Wiederholung gegen das Versprechen „keine Zukunft, keine Wiederholung, keine Geschichte".

Hinweischarakter besitzt die Szene des nackten Flüchtlings noch auf anderer Ebene. Bekannt ist die Hochschätzung, die Max Frisch seinem Landsmann Gottfried Keller entgegenbringt. Heinrich Lee wird in einem Gespräch über das Poetische von Römer auf Homer aufmerksam gemacht, vor allem auf jene „ausgesucht pikante Wahrheit in der Lage des Odysseus, wo er nackt und mit Schlamm bedeckt vor Nausikaa und ihren Gespielinnen erscheint". Römer gilt diese Situation als Metapher für die Lage des Menschen überhaupt. „Wenn Sie einst getrennt von Ihrer Heimat und allem, was Ihnen lieb ist, in der Fremde umherschweifen und Sie haben viel gesehen und viel erfahren, haben Kummer und Sorge, sind wohl gar elend und verlassen: so wird es Ihnen des Nachts unfehlbar träumen, daß Sie sich Ihrer Heimat nähern; Sie sehen sie glänzen und leuchten in den schönsten Farben; holde, feine und liebe Gestalten treten Ihnen entgegen; da entdecken Sie plötzlich, daß Sie zerfetzt, nackt und staubbedeckt einhergehen; eine namenlose Scham und Angst faßt Sie, Sie suchen sich zu bedecken, zu verbergen und erwachen in Schweiß gebadet. Dies ist, solange es Menschen gibt, der Traum des kummervollen umhergeworfenen Mannes, und so hat Homer jene Lage aus dem tiefsten und ewigen Wesen der Menschheit herausgenommen!"[6] Hier ist der Nackte Chiffre für Entfremdung und Heimatlosigkeit, das Bild die artifizielle Vorwegnahme von Heinrichs tatsächlicher späterer Situation. Das Moment der Fremdheit kennzeichnet ja auch die Flucht des Nackten im *Gantenbein*. Sich selbst entfremdet ist es „nur noch sein Körper, der jetzt läuft". Angesichts der Passanten, die zur Seite weichen, weiß er nicht mehr, „wieso er nackt ist". Das Wissen um die Identität mit Adam ist verloren. „Er weiß, daß er nicht Adam ist, weiß, wo er sich befindet: in Zürich, keineswegs außer sich, aber nackt, so daß er neuerdings laufen muß ..." Die Nacktheit, Anlaß für die Identifikation mit Adam, ist jetzt Grund für die Entfremdung. Fremdheit kennzeichnet aber auch die Identifikation selbst. Der vom Nachtarzt bei seinem Namen Angerufene erkennt nicht sich selbst, er erkennt sich als ein anderer, als Adam. Auf der Flucht wird die Tatsächlichkeit der Entfremdung bewußt. „Es gibt kein Erwachen

---

[6] Der grüne Heinrich, 2. Fassung, 3. Bd., 2. Kap.

wie aus einem Traum." Die Kostümierung in der Oper ist deshalb nicht die Rücknahme der entfremdenden Situation, sondern deren karikierende Bestätigung in dem Versuch der Verdeckung durch die unpassende Verkleidung.

Die Stationen des Aufbaus der Szene: Nacktheit — Erkenntnis der Nacktheit durch Anrufung des Namens — Flucht, greifen überdies eine typische Traumsituation auf, deren Deutung wiederum auf die Paradiesessituation im Anschluß an den Sündenfall zielt. In seiner Analyse dieses Traums spricht Sigmund Freud von der „peinlichen Empfindung von der Natur der Scham, daß man seine Nacktheit, meist durch Lokomotion, verbergen möchte und es nicht zustande bringt", um dann die Stationen des Traums mit der Abfolge der Ereignisse im Paradies zu parallelisieren. „Diese der Scham entbehrende Kindheit erscheint unserer Rückschau später als ein Paradies, und das Paradies selbst ist nichts anderes als die Massenphantasie von der Kindheit des einzelnen. Darum sind auch im Paradies die Menschen nackt und schämen sich nicht vor einander, bis ein Moment kommt, in dem die Scham und die Angst erwachen, die Vertreibung erfolgt..."[7] In genauer psychologischer Motivierung wird das Bewußtsein der Nacktheit und die aus ihm resultierende Notwendigkeit zur Flucht von Max Frisch der vergleichsweisen Uninteressiertheit der Passanten gegenübergestellt. Gerade dieser Widerspruch der Schamverlegenheit des Träumers und der Gleichgültigkeit der Zuschauer ist nach Freud Kennzeichen dieses Traums. Der Nackte fühlt sich verfolgt, wenngleich man ihm nur nachschaut.

Auch hier fällt das Stichwort „Verfolgung", das schon die „Montage der Figur" (9 ff.) bestimmte. Innerhalb der Exposition selbst also gibt es Querverweise und deutende Anspielungen.

Im Lichte dieser Analyse ist die Jerusalem-Episode erneut aufzugreifen. Jerusalem steht als Möglichkeit der Überwindung der durch den Sündenfall gegebenen Todessituation. Die Todessituation des Romans aber ist analog

---

[7] Sigmund Freud, Gesammelte Werke II/III, Die Traumdeutung, Frankfurt/M. 1942, S. 247 ff. Vgl. Walter Fabers Traum zu Eingang des Romans, in dem sich das Thema der Nacktheit mit dem des Todes im Bild der ausfallenden Zähne verknüpft: „ich träumte von Ivy... ich wartete mit lauter Splitternackten, um mich scheiden zu lassen (dabei bin ich in Wirklichkeit gar nicht verheiratet)... Ich wollte protestieren, aber konnte meinen Mund nicht aufmachen, ohne die Hand davor zu halten, da mir soeben, wie ich spürte, sämtliche Zähne ausgefallen sind, alle wie Kieselsteine im Mund-" (Homo faber. Ein Bericht, Frankfurt/M. 1957, S. 21).

der biblischen Geschichte an die Hybris des Erkennenwollens gebunden. Gantenbein übernimmt konsequenterweise die Rolle Adams. Wie dieser durch das Kosten der Frucht vom Baume der Erkenntnis zu wissen hoffte, was gut und böse ist, so hofft jener durch seine angenommene Blindenrolle die Wahrheit über sein Verhältnis zu Lila zu erfahren. Wie die Sündenfallszene der Exposition die Ausgangssituation Gantenbeins deutet, so deutet die Jerusalem-Episode deren Konsequenzen. Dabei ist als ein weiteres Moment der „offen-artistischen" Erzählweise festzuhalten, daß wiederum — wie in der Exposition — diese Deutung nicht an Gantenbeins Figur selbst vorgenommen wird, sondern an einem scheinbar von ihr unabhängigen Erzählstrang. Was in Jerusalem demonstriert wird, interpretiert Gantenbeins Rolle. Das Buch-Ich ist in Jerusalem Tourist. Es steht außen, wie Gantenbein um der Erkenntnis willen außen steht. Die Einsicht „Ich sehe nur zu" kennzeichnet dieses Außenstehen. Sie verdeutlicht zugleich, weshalb Jerusalem „nicht wahr" wird. Gantenbein wird in seinem Verhältnis zu Lila außen bleiben, und dies gerade in dem Bewußtsein, daß ein Blinder „nicht von außen" kommt. Gantenbein aber ist nicht blind. Blindsein ist seine Rolle. Und wenn er von der „Zärtlichkeit eines Blinden" spricht, „die erlöst von allem" (163), bezeichnet er selbst den Weg der „Erlösung", ohne ihn gehen zu können: blind sein für Lila. Seine Position aber ist die Position des Touristen in Jerusalem. In dieser Position hat Erlösung nicht statt, auch und gerade nicht für Lila. Das Sehen in Jerusalem bringt keine Erkenntnis. „Alles bleibt Augenschein." Auch der blinde Seher Gantenbein wird nicht erkennen.[8]

Wenn Max Frisch seinen Roman in die heilsgeschichtliche Perspektive von Sündenfall und Erlösung stellt, heißt das nicht, daß er auf eine direkte Übertragbarkeit des heilsgeschichtlichen Kontextes hinarbeitet. In mehrfacher Weise ist Vorsicht geboten. Jerusalem und Adam stehen eher als hinweisende Chiffren für eine im Roman vorzutragende Erfahrung. Dabei geht es freilich nicht um eine aus dem Romankomplex lösbare Erfahrung, die eine punktuelle Einsicht des Autors Max Frisch mitteilen soll. Gerade der *Gantenbein* widersetzt sich mit seinem antithetischen Aufbau und

---

[8] Wieder einmal greift Max Frisch auf seinen *Homo faber* zurück. Auch Faber ist angesichts des Todes Tourist. „Leider waren meine Guatemala-Filme noch nicht entwickelt, man kann das nicht beschreiben, man muß es sehen, wie es ist, wenn einer so hängt." Auch in seinem Verhältnis zu Sabeth ist er der Beobachter, bis sie ihn zurechtweist: „Sie beobachten mich die ganze Zeit, Mister Faber, ich mag das nicht!" (Homo faber, S. 119ff.).

seiner „widersprüchlichen" Metaphorik einer derartigen Festlegung auf eine ihm ablesbare Erfahrung. Paradiesessituation und Jerusalem haben signifikanten Charakter innerhalb der Strukturierung des plot. Dabei kommt es auf den gegensätzlichen Korrelationswert der beiden Bilder an. Jerusalem als Ort der Überwindung des adamitischen Zustandes kennzeichnet auch im Roman die Möglichkeit der Überwindung des „adamitischen" Gantenbein-Zustandes. Es bleibt aber bei der Kennzeichnung. Denn auch innerhalb der Strukturierung des plot haben die Anspielungen Zitat-Charakter. Das heißt: die mögliche Tiefendimension des erstellten Zusammenhangs wird bewußt vermieden zugunsten einer spielerischen Verwendung. Denn das „offen-artistische" Erzählen gestattet nicht mehr eine im wörtlichen Sinne ernstzunehmende Anspielung. Mit Hilfe der Anspielung soll kein Ideengewebe erstellt werden, das ohne sie nicht denkbar wäre. Der heilsgeschichtliche Zusammenhang wird im Sinne des Zitierens verwertet. Es bleibt bei Zitaten, die an jeweils signifikanter Stelle die Problembereiche auf vergleichbarer bildlicher Ebene verdeutlichen. Das Zitat setzt metaphorische Fixpunkte im Aufbau der Bedeutungsebene des Erzählten. Freilich ist das Zitieren nicht beliebig. Wie Homo Fabers Ziel Athen ist, ist Gantenbeins und Enderlins Ziel Jerusalem. An der Stätte des Schicksalsglaubens erfüllt sich Fabers Schicksal, an der Stätte der Auferstehung wird der adamistische Tod des Erkennenwollens bewußt. Dennoch wird der heilsgeschichtliche Kontext nicht dominant. Er bleibt als erschließbarer Hintergrund zusätzliches Interpretament.[9] Gegenort zur Welt Gantenbeins ist Jerusalem nämlich schon durch die Beschreibung allein. Die Charakteristika sind deutlich genug: Gegen die lila-graue Welt der „Sonnenfinsternis" Gantenbeins wird die von der Sonne umkreiste farbig-lebendige Stadt abgesetzt. Hinzu kommt, daß in der Tat nur ein Gegen*bild* ohne die ihm zukommenden Konsequenzen für das Romangeschehen entworfen wird. Es bleibt beim Bild: Jerusalem wird für Enderlin wie für Gantenbein nicht der Ort des Heils.

Das Zitieren selbst ist nicht eindeutig in bezug auf den evozierten Bedeutungsraum des Zitierten. Immer nur werden diesem Bedeutungsraum Teilaspekte entnommen und für die epische Verarbeitung bereitet. Signifikant wird der ausgewählte Bedeutungsstrang erst im durch das Erzählen

---

[9] Vgl. Geulen, Homo faber, S. 43, 97, der ein ähnliches Verfahren der Anspielung im Hinblick auf den im *Homo faber* zitierten antiken Schicksalsmythos feststellt.

selbst erstellten Kontext. Die „Wahrheit" der Anspielung ergibt sich aus ihrer Stellung in der Erzählung. Auf diese Weise ist es Max Frisch möglich, antiken Mythos und christliche Heilsgeschichte gleichermaßen für die epische Ausbreitung seiner Problematik zitatweise zu verwenden. Erst das artistische Moment des Zitierens ermöglicht angesichts einer Situation, in der antiker Mythos und christliche Heilsgeschichte der Unmittelbarkeit entbehren, ihre artifizielle Wiederaufnahme. Denn es verwehrt eine naive Übernahme und verbürgt jene Distanz, die allein Mythos und Heilsgeschichte auch in einer entmythologisierten Zeit zur Sprache bringen kann. Erst diese Distanz ermöglicht auch die Vermischung der zitierten Bedeutungsräume aus Mythos und Heilsgeschichte. An heilsgeschichtlich exponierter Stelle, auf dem Weg zwischen Jerusalem und Damaskus, kann deshalb für Enderlin das Zeichen des Hermes aufgerichtet sein. Hermes Psychopompos und „die Stelle, wo das Kreuz gestanden hat", können in gleicher Weise Hinweischarakter für die Bedeutungsebene des Romans haben. Zudem schafft das artistische Moment des Zitierens Raum für das Setzen des Gegenbildes, um so in der Aufhebung der Eindeutigkeit des Zitierten der ambivalenten Struktur des Erzählten genügen zu können. „Jerusalem an einem Freitag" heißt nicht nur: Jerusalem am Tag des Kreuzestodes Christi, sondern auch: Jerusalem zur Zeit seines wöchentlichen touristischen Höhepunkts. Die Adam-Situation des nackten Kranken, erschreckend durch die sie interpretierende Pferdekopf-Metapher, kann auch „eine Weile lang selig" sein.

Schließlich aber gestattet das artistische Verfahren, die für Gantenbein unerreichbare „Erlösung" auf märchenhafte Weise vorzutragen, um in der „tröstlichen Geschichte" wahr werden zu lassen, was in Jerusalem nicht wahr werden konnte. Allerdings ist der Aspekt der Gattung sehr genau zu beachten. Denn keine Geschichte des Romans hat in der Weise „märchenhaften" Charakter wie die des Hirtenjungen Ali und seiner Braut (249 f.). Keine Geschichte stellt sich damit so sehr in Opposition zu der Beteuerung des tatsächlichen Erlebnisses in Jerusalem. Von einem „Wunder" ist denn auch in der durch und durch wunderbaren Geschichte ausdrücklich die Rede. Im Märchen ist in antizipatorischer Weise einmal möglich, was in der „tatsächlichen" Geschichte — auch in der Geschichte Gantenbeins — nicht möglich ist. Dabei kann nicht überraschen, daß in dieser Gegengeschichte die Problembereiche des Romans in enggeführter Fassung thematisiert werden.

Vor allem ist es das „Beispiel" Eifersucht, das in diesem „Märchen" noch einmal auf einen Beispielfall reduziert wird. Wie die Eifersucht Gantenbeins im Verhältnis zu Lila als „Fußnote", als erzählbare Erklärung für die „Kluft zwischen Welt und Wahn" (420) steht, so ist die Ali-Alil-Geschichte als Anmerkung zum Gantenbein-Lila-Geschehen erneuter Beispielfall für das Verhältnis von wirklicher und vorgestellter Erfahrung. „Anmerkung" meint zugleich Kommentierung und Verdeutlichung. Denn im „Märchen" kann dargestellt werden, was in der „tatsächlichen" Geschichte nur als Möglichkeit vorgegeben wird. Überdies kommentiert die Rahmenerzählung das Märchen genau in der angesprochenen Richtung von Erkenntnismöglichkeit und Erkenntniswirklichkeit. Als Gantenbein Camilla Huber die Geschichte bis zu ihrem ersten glücklichen Ende erzählt hat, stellt sie „enttäuscht" fest: „das ist aber ein Märchen". Doch der sich anschließende zweite Teil soll ihr die Augen öffnen. In der Tat stellt Camilla die dem Problem angemessene Frage: „das ist eine *wahre* Geschichte?", auf die Gantenbein mit bezeichnender Logik bestätigend antwortet: „ja, ich *finde*". Daß diese Geschichte eine „wahre" ist, erweist sich erst in ihrer Annahme als einer solchen. „Wahr" ist demnach das Wunder, das Märchen; „wahr" ist nicht die Wirklichkeit des Jerusalem-Besuchs. Wahr aber ist das Märchen auf eine nicht wirkliche Weise; es ist wahr im Sinne des Meinens und Vorstellens. Indem es aber „wahr" genannt wird, steht es in korrespondierendem Widerspruch zur Jerusalem-Episode, bei der die Beteuerung der Tatsächlichkeit des Geschehens nicht darüber hinwegtäuschen kann, daß „alles Augenschein" bleibt. In doppelter Opposition steht dieses Märchen, einmal in Opposition zum Jerusalem-Erlebnis des Buch-Ich, zum andern in Opposition zur Situation Gantenbeins. Darüber hinaus aber legt die symmetrische Komposition des Romans nahe, die „Geschichte für Camilla" mit der Geschichte auf der „Via appia antica" (212 ff.) zu vergleichen. Die ganz vom Zufall bestimmte flüchtige Beziehung eines alternden Mannes zu einem jungen Mädchen ist „beiläufig". Zurück bleiben Bild und Dingsymbol, die in ambivalentem Gegeneinander Lebens- und Todesbereich ansprechen: ein Herr und ein Mädchen „auf einem Grabhügel", ein „harziger Pinienzapfen"[10]. Dagegen die Suche des Hirtenjungen Ali nach seiner Braut, das doppelte Finden in doppelter Blindheit.

---

[10] Seit alters ist der Pinienzapfen als Lebenssymbol bekannt und erscheint auf Grabmälern in auf das Leben weisender symbolischer Bedeutung. Gerade die im Roman gegebene Konstel-

Das Thema der Blindheit schon verbindet das Araber-Märchen mit der Gantenbein-Situation. Aber immer ist in die Parallelisierung der Kontrast eingeschrieben. Ali ist zwar identisch mit Gantenbein nicht nur in seiner Eifersucht, sondern auch und vor allem in seiner am Ende des Märchens eingenommenen Haltung des sehenden Blinden. Wie Gantenbein Lila seine vorgebliche Blindheit um des Glückes willen verheimlicht, schweigt Ali gegenüber Alil, als er wieder sieht, „denn er wollte ihr nachschleichen". Der Kontrast aber dominiert. Ali ist wirklich blind und wird eifersüchtig durch seine Blindheit. Als er wieder sieht und Gantenbeins Rolle des blinden Sehers übernimmt, kann er im Gegensatz zu Gantenbein sehen, was „wahr" ist in seinem Verhältnis zu Alil, und gewinnt eine Einsicht, die Gantenbein sich durch seine Rolle verstellt. Dennoch ist Ali ein potenzierter Gantenbein. Denn seine tatsächliche Blindheit, die Anlaß für seine Eifersucht wird, charakterisiert auch Gantenbeins angenommene Blindheit als eine tatsächliche.

Kaum an anderer Stelle des Romans ist das durch die „wesentliche Metapher" ermöglichte Spiel mit den gegensätzlichen Komponenten sehen und nicht sehen in seiner irisierenden Doppeldeutigkeit so artistisch gehandhabt wie an dieser; kaum an anderer Stelle aber auch ist die Aussage so eindeutig wie an dieser. Ihre Doppeldeutigkeit ergibt sich erst aus dem durch die ähnliche Situation aufgenötigten Vergleich zwischen Gantenbein und Ali. Eindeutig ist die Aussage aber gerade in ihrem Bezug auf die Gantenbein-Situation. Was Max Frisch im Roman zum Thema macht, die Doppeldeutigkeit der Erkenntnismöglichkeit, wird hier auf artistische Weise dargestellt. Eindeutig ist die Aussage des Märchens in der Beurteilung des „adamitischen" Zustandes Gantenbeins: „denn kaum war Ali erblindet, konnte er nicht mehr glauben, daß sie ihn liebte". Das ist Gantenbeins Problem. Die Eindeutigkeit des Märchens in der Beurteilung des Gantenbeinzustandes entdeckt zugleich dessen wesentliche Doppeldeutigkeit. In seiner erborgten Blindheit kann er die Wahrheit Alils als die anagrammatisch verschlüsselte Wahrheit Lilas nicht erfahren. Was für den Hirtenjungen in seiner Blindheit wunderbarerweise wirklich wird, kann für Gantenbein nicht wahr werden. Freilich braucht das

---

lation Grabhügel/Pinienzapfen ist kennzeichnend. Die Pinie, die im Altertum für alle Nadelbäume mit zapfenartigen Früchten stehen kann, ist Lebensbaum und symbolisiert in christlicher Ikonographie den Baum des Lebens im Paradies. Vgl. Gertrud Schiller, Ikonographie der christlichen Kunst, Bd. 3, Gütersloh 1971, S. 182 f.

Märchen den „Wunderdoktor". Das Wunder in der Gantenbein-Geschichte bleibt aus.

Was sich auf der Ebene der Bedeutung als Doppeldeutigkeit gibt, zeigt sich auf der Ebene der Darstellung als parallelisierte Gegenläufigkeit. Nicht zufällig hat das Märchen — wie die Morgengrauen-Metapher — zwei sich zugleich entsprechende und widersprechende Teile. Widersprechung und Parallelisierung stehen allerdings in einem gegenseitigen Wechselverhältnis. Ist im ersten Teil Alil die Blinde und Ali, der um ihrer Schönheit willen um sie wirbt, so ist es im zweiten Teil Ali, der erblindet, und Alil, die um ihn, „der gar nicht schön war", wirbt. Allerdings wirbt Alil auf gänzlich andere Weise um ihren Bräutigam als er um sie. Ali kauft seine Braut nach Recht und Gewohnheit. Als er erblindet und sie mit Eifersucht verfolgt, wirbt sie mit dem Einsatz ihrer Person um ihn. Denn sie übernimmt die ihr von ihm zugesprochene Rolle der Betrügerin auf allerdings unerwartete Weise. Sie ist für ihn Alil, die Braut, die er schlägt, und zugleich ist sie das Mädchen, mit dem er sie betrügt. Hier ist auch Gantenbeins Problem der Rollenexistenz auf eine „märchenhafte" Weise gelöst. In der Übernahme der ihr zugesprochenen Rolle kann Alil ihren Ali tatsächlich „erlösen".

Vorausgeht im ersten Teil die Erlösung des Mädchens von ihrer Blindheit durch den Bräutigam. Gekoppelt mit dem Motiv der Blindheit wird im Märchen bezeichnenderweise auch das Spiegelmotiv. Alil war „lieber" als alle anderen Mädchen, „da es blind war und in keinem Brunnen je gesehen hatte, wie schön es war". Die Unmöglichkeit des eigenen Erkennens, angezeigt durch die Unwirksamkeit des Spiegelmotivs, erst ermöglicht den „lieberen" Charakter Alils. Die Lila der Gantenbein-Geschichte ist schon von Berufs wegen von Spiegeln umstellt. Nicht nur als anagrammatische Umkehrung des Namens ist Alil Kontrastfigur zu Lila. Von dem Bräutigam des Mädchens heißt es: „er hatte ihr alle Farben dieser Welt geschenkt durch seine Liebe". Damit wird eine erneute Opposition zur Gantenbein-Situation in das Märchen eingeschrieben. Der lilagrauen Welt der angenommenen Blindensituation stehen „alle Farben dieser Welt" gegenüber. Lila-grau aber ist die Welt nur in den blinden Augen Gantenbeins. Nicht Lilas Welt ist dies, sondern die Welt, in der Gantenbein Lila sieht. Um der Erkenntnis willen „schenkt" sich Gantenbein selbst eine Welt des Lila-grau. Ali aber schenkt seiner Lila „alle Farben", damit es anschließend heißen kann: „und sie war glücklich, und er war glücklich, und Ali und Alil waren das glücklichste Paar am Rande der

Wüste". Auch Gantenbein geht es um das Glück seines Verhältnisses zu Lila mit seiner angenommenen Blindenrolle. „Ich stelle mir vor: mein Leben mit einer großen Schauspielerin, die ich liebe und daher glauben lasse, ich sei blind; unser Glück infolgedessen." (124) Gantenbein aber schenkt seiner Alil nur eine Farbe: „Ihr Name sei Lila".

Die signifikante Verwendung der Farben wird hier noch einmal angesprochen. Max Frisch stellt damit das Märchen wieder in die Nähe zum Jerusalem-Erlebnis. Gegen die Unwirklichkeit der lila-grauen Welt Gantenbeins ist Jerusalem durch seine Farbrealistik abgesetzt. Jerusalem ist „bernsteingelb", der Ölbaum in Gethsemane „silbergrau". Alil, von ihrer Blindheit erlöst, sieht die „Farben dieser Welt". In Gantenbeins Welt hingegen werden alle Farben von lila übertönt. Jerusalem und Alil sind die beiden epischen Fixpunkte des Kontrastes zu Gantenbein. Jerusalm als Ort der Ermöglichung der Erlösung von der Todesexistenz und Alil als von der Blindheit Erlöste und Erlösende kennzeichnen gleichermaßen im Kontrast die adamitische Gantenbein-Situation als Todesexistenz. Aus der Gleichung Jerusalem — Alil ergibt sich für Gantenbein die Gleichung Blindheit — Tod.[11] Was in der „tatsächlichen" Geschichte in Jerusalem als Möglichkeit aufleuchtete, wird im Märchen des Araberjungen wahr.

Wahr aber wird in dieser „tröstlichen Geschichte" am „Beispiel" Eifersucht, was die Existenz des Hirtenmädchens darstellt: die bewußte Übernahme der Rolle um der Liebe willen. Auch das Verkennen von seiten Alis wird von Alil im Übernehmen der Rolle in ihr positives Gegenteil umgedeutet. Wahr wird, daß das Sehen erst zur Erkenntnis wird durch das Opfer. Indem das Mädchen sich der Rolle hingibt, opfert sie sich dem Sehen Alils. „Er sah Alil, wie sie weinte, da er sie im Zelt geschlagen hatte, und er sah, wie sie ihr Gesicht wusch, um in sein Zelt zu schleichen als das andere Mädchen, damit der blinde Ali sie umarme —"

Vollends wird vom Ali-Alil-Märchen her die Jerusalem-Episode des Buch-Ich verständlich. Der Touristenhabitus widerspricht in nicht auflösbarer Weise der Opferhandlung des Arabermädchens. Für den Jerusalem-Besucher ist das Kreuzesopfer zur Touristenattraktion pervertiert. Die

---

[11] Mit dieser Gleichung nähert sich Max Frisch allerdings ganz entschieden biblischer Sprachgewohnheit. Des Saulus dreitägige Blindheit etwa, die im *Gantenbein* zitiert wird, ist in neutestamentlichem Verständnis — vor allem durch die Anspielung auf die drei Tage zwischen Kreuzestod und Auferstehung — eine Todessituation, aus der Saulus als ein anderer — als Paulus — erwacht.

Erlösung hat in Gantenbeins adamitischer Existenz nicht statt. Sein Anspruch bleibt der Adams: sehen wollen, was gut und böse ist. Dabei ist sein Sehen auf gesteigerte Weise das Sehen des „Augenscheins". Wie ein Tourist nimmt auch Gantenbein einen vermeintlich „objektiven" Standpunkt ein. Seine „Heilsgeschichte" allerdings ist die Adams: eine Heilsgeschichte ohne „die einzige Stadt". In seiner Heilsgeschichte gibt es keine „Morgensonne", nur das „Morgengrauen". Was für das Buch-Ich in Jerusalem nicht wahr wird, wird für Gantenbein in seinem „Beispiel" Lila nicht wahr. Das Märchen aber gibt die positive Entsprechung. Was in Jerusalem Augenschein bleibt, wird im Märchen Wirklichkeit. Deshalb kann es eine „wahre" Geschichte genannt werden. Da die Geschichte aber im Märchen wahr bleibt, hat sie für Gantenbein keine Konsequenz. Für ihn ist die Wahrheit „Versuchung" (253). Und der tatsächliche Versuch, die „Verstellerei" (253) aufzugeben, führt konsequenterweise zur Beendigung dieser Existenz, einer Existenz der Verstellung in seinem Verhältnis zu Lila. Wiederum stellen wir die korrespondierende Gegensätzlichkeit im Aufbau der sich entsprechenden Geschichte fest. Gantenbein und Alil übernehmen beide die ihnen zukommende Rolle. Gantenbeins Übernahme der Rolle gegenüber Lila aber ist „Verstellerei", Alils Übernehmen der Rolle ist Verwirklichung ihrer Existenz im Verhältnis zu Ali, dem Geliebten. So wie Alil sich verwirklicht, wird Gantenbein in seiner „beispielhaften" Existenzweise im Verhältnis zu Lila sich verfehlen. Denn wenn auch mit dem Faktum der Übernahme der Rolle eine Parallele zwischen beiden zu erstellen ist, bleibt doch der Unterschied der Motivation. Gantenbein „übernimmt" ja eine Rolle, die er sich selbst erst schafft, Alil aber „übernimmt" ihre Rolle im wörtlichen Sinne, indem sie auf sich nimmt, was ihr aufgegeben wird. So hat Gantenbeins Rollenexistenz nicht den Charakter von Alils Rollenexistenz. Durch die Opferhaltung bekommt ihre Rolle Erlösungscharakter.

In anderem Zusammenhang allerdings scheint auch Gantenbeins Rollenexistenz jene erlösende Funktion zu besitzen, die Alils Rolle auszeichnet: in seinem Verhältnis zu Camilla Huber. Beide lassen sich trotz besseren Wissens ihr Rollenspiel. Ja, mit diesem „ausgeglichenen" Verhältnis schafft sich Max Frisch Raum, um jene Geschichten vortragen zu können, die die Problembereiche des Romans in immer neuen Modifikationen spielerisch verdeutlichen. Dennoch endet die Camilla-Geschichte tragisch. Denn in dem „Vertrag" mit Gantenbein wird die Lüge der Rollenexistenz nicht aufgehoben wie im Falle Alils. Sie bleibt bestehen, auch wenn sie als gewußte Lüge offenbar geworden ist. So nimmt das Verhältnis Gantenbein-Camilla eine Mittelstellung zwischen den beiden Verhältnissen Gantenbein-Lila und Ali-Alil ein. Von der Gantenbein-Lila-Geschichte hebt es sich durch das beiderseitige Wissen um die Rollenexistenz ab, von der Ali-Alil-Geschichte durch das Verharren in eben diesem Wissen. Der Schritt Alils zum Opfer bleibt ein Schritt im Märchen.

Indem Max Frisch mit Gantenbein eine adamitische Existenz vorführt, nur im Märchen aber die „Erlösung" darstellt, dokumentiert er die Unentrinnbarkeit dieser Existenzweise. Und auch die Aufforderung „Philemon, sage ich, gib's auf!" (298) muß erfolglos bleiben, da Adam kein anderer werden kann, es sei denn, er würde wirklich blind, wie Ali. Daß am Ende der Gantenbein-Geschichte ein Verhör steht (485 ff.), ist nur die Konsequenz im Licht des heilsgeschichtlichen Kontextes. Das Verhör aber zitiert auf unüberhörbare Weise das Mysterienspiel von Tod und Liebe und Zeit: „das Tick-Tack spitzer Absätze... ich kenne das, Inselchen von Schimmel auf rotem Wein".

V. Das Mysterium des Todes und der Zeit

Schon der *Homo faber* war ein Buch vom Tode. Und dies nicht nur, weil der Roman mit den Aufzeichnungen eines Todgeweihten endet, sondern vor allem, weil die Existenzweise Walter Fabers eine Widersprüchlichkeit beinhaltet, die ihm selbst jeden möglichen Lebensraum entzieht. Fabers Sucht nach Kalkulierbarkeit des Unberechenbaren ist der den Tod nötigende Widerspruch seiner Existenz. Denn seine Gleichung, die Leben als Addition versteht, kann nicht aufgehen angesichts einer Situation, die das Unwägbare als Konstituante hat. Der positive Gegensatz der Schicksalsgebundenheit Fabers verdeutlicht nur noch den schon in den Titel des Romans eingeschriebenen grundsätzlichen Widerspruch dieser Existenz.

Mehr als der *Homo faber* ist in diesem Sinne der *Gantenbein* ein Buch vom Tode. Denn der Homo-Fabersche Gegensatz von Leben als additivem Werden und Leben als gestalthaftem Werden ist im *Gantenbein* wieder anzutreffen, wird hier aber auf das Verhältnis der Beziehung eines Menschen zu einem anderen übertragen. Was sich an Walter Fabers Figur allein demonstrieren konnte, ist im Gantenbein als unabdingbare Notwendigkeit der Beziehung zweier Menschen dargestellt. Die als Einzelschicksal vorgeführte Widersprüchlichkeit der Homo-Faber-Existenz, für die Hanna, Sabeth und Ivy demonstrativen, nicht aber konstitutiven Charakter haben, faltet sich im Gantenbein unter der Fragestellung der Erkenntnismöglichkeit des anderen aus in die für die Präsentation des Problems paradigmatischen Beziehungen Gantenbein — Lila, Gantenbein — Camilla Huber, Ali — Alil. Nicht mehr eine Figur steht im Mittelpunkt des Erzählens, sondern eine Beziehung in den drei durch das gestellte Problem gegebenen Möglichkeiten. So kann es nicht verwundern, wenn auch die Geschichte einer Figur sich auffächert in eine die Fragestellung verdeutlichende Vielfalt von Geschichten.

Der Homo-Fabersche Gegensatz von Leben als Addition und Leben als Gestalt wird im *Gantenbein* zum Gegensatz zweier Existenzweisen am „Beispiel" des Verhältnisses von Mann und Frau, zum Gegensatz von Herrschaft und Hingabe. Als Exponenten dieses Gegensatzes fungieren

Gantenbein und Alil, diese in ihrem Opfer für Ali, jener in seinem berechnenden Lebensentwurf für Lila. Freilich kommt auch hier das „Offen-Artistische" nicht zu kurz. Denn das Spiel der ambivalenten Widersprüchlichkeit wäre nicht vollkommen, hätte nicht die Existenzweise der beiden Exponenten selbst ambivalenten, ja widersprüchlichen Charakter. Das „Opfer" Alils ist zugleich eine List, mit der sie ihren blinden Geliebten betrügt. Als das „andere Mädchen" schleicht sie sich zu ihm in das Zelt, um sich in die ihr zukommenden Rechte wieder einzusetzen. Auf der anderen Seite ist das Verhältnis Gantenbeins zu Lila keineswegs eindeutig bestimmt. Wenn er auch Lila betrügt, indem er ihr das Wissen um seine angenommene Blindenrolle vorenthält, ja wenn auch das Verhältnis nur aufgrund dieses Betruges bestehen kann, so gibt ihm doch gerade seine Rolle die Möglichkeit, Fehler und Schwächen der geliebten Frau zu übersehen, ein im wörtlichen Sinne für-sorglicher Liebhaber für Lila zu sein.[1] Die Fürsorge selbst aber ist widersprüchlich im Hinblick auf Lila. Denn in dem Maße sie verdeutlichen kann, daß Lila in der Erleichterung kleiner alltäglicher Beschwernisse durch Gantenbein ein Lebensraum eröffnet wird, in eben dem Maße macht sie auch bewußt, daß Lila keinen anderen als diesen durch Gantenbein ermöglichten Lebensraum hat. Nichts kann sie unternehmen, das nicht zuvor in seinem Kalkül der Ordnung Platz gefunden hätte. Und gerade das Vorbereiten der kleinen Unordentlichkeiten entlarvt die Fürsorge als geschickt getarnte Herrschaftsausübung. Wenn Gantenbein, Lilas Ankunft erwartend, vor den Spiegel tritt, um zu prüfen, „ob alles in Ordnung ist", heißt das ja, vor dem Spiegel die Krawatte in die der Blindenrolle angemessene Unordnung zu bringen, „damit Lila nach dem ersten Überschwang der Begrüßung sie wieder zurechtrücken kann" (126). Das Wort- und Sachspiel mit Ordnung und Unordnung entdeckt, daß eben nichts „in Ordnung" ist

---

[1] Diese „fürsorgliche" Komponente an der Gantenbein-Figur ist derart ausgeprägt, daß etwa Martin Kraft, Studien, S. 37 f., in ihr die gültige Aussage über die Blindenehe zu finden glaubt: „Im Verhalten des Scheinblinden ist viel von dieser unvorhereingenommenen, liebenden Beurteilung, die den Menschen mit allen seinen Fehlern gelten läßt, wie er ist". So kann denn Gantenbeins Ausspruch über das „Glück" dieser Ehe nicht mehr in seiner ironischen Doppeldeutigkeit erkannt werden. Die projektierten Betrügereien werden als tatsächliche hingenommen, die Ali-Alil-Geschichte nicht als Gegenstück zur Gantenbein-Geschichte, sondern als deren Pendant verstanden. In dieser eindeutigen Beurteilung der Blindenrolle dokumentiert sich Unverständnis nicht nur hinsichtlich des widersprüchlichen Charakters der Gantenbein-Figur, sondern auch hinsichtlich der bewußt widersprüchlichen Gesamtkonzeption des Romans.

mit dieser Fürsorge. Dient sie doch einerseits der Kaschierung der Blindenrolle für Lila, andererseits der Kalkulation von Lilas Bewußtsein der Sicherheit, um ihr desto sicherer den „Betrug" nachweisen zu können. Betrug aber ist gerade Gantenbeins Fürsorge, geht es ihm mit ihr doch nicht um Lila selbst, sondern um die Bestätigung seiner eifersüchtigen Verdächtigung. In dieser Perspektive gesehen sind die Aussagen über Gantenbeins Vorsorge für Lila immer doppeldeutig. In der Tat bewegt sich Lila in der Umhegung ihres Gatten „unbefangen". Aber ihre Unbefangenheit ist berechnet, der Raum für diese Unbefangenheit erst von Gantenbein geschaffen. „Glücklich wie noch nie mit einem Mann, frei von Heuchelei, da sie sich von keinem Verdacht belauert fühlt" (129) ist Lila tatsächlich in den Armen Gantenbeins. Dies aber ist ihr „Gefühl", ein von Gantenbein erwirktes und allein durch ihn bestehendes Gefühl. Denn in Wirklichkeit ist Lila auf eine Weise „von Verdacht belauert", die die Möglichkeiten ihres Begreifens übersteigt. So offenbart denn auch die „nachträgliche" Feststellung, „sie kann sich auf Gantenbein verlassen" (338), ihre hintergründige Doppeldeutigkeit. Die „Sintflut-Szene" (448 ff.) zeigt deutlich, daß Gantenbein in seinem eifersüchtigen Versteckspiel keine Fehler machen wird. Denn er hat im Vorhinein an alles gedacht, nicht nur an das, was Lila für einen Abend mit Gästen vergessen haben könnte (338 ff).

Freilich hat auch der Mechanismus der Vorsorge seine Lücken. Bezeichnenderweise funktioniert er gerade an dem Punkt nicht, wo es um das „Beispiel" im engeren Sinne geht, in der Verifikation von Lilas vermeintlichem Betrug. Denn „das Tonband erweist sich als Versager" (419). Und Gantenbein weiß überdies, daß „auch der Film vollkommen versagen" würde (420). Weder die Tonbandaufzeichnungen noch eine versteckte Filmkamera könnten den „Verrat" Lilas, nach dem Gantenbein um der Bestätigung seiner Existenzweise willen „lechzt", entdecken. In dieser für ihn entscheidenden Frage erweist sich alle Vorsorge als unwirksam. Es ist aber dies genau der Punkt, an dem es nicht mehr um Lila allein geht, sondern um das Verhältnis zwischen ihr und Gantenbein. Dieser inszeniert das Spiel mit der Blindenbrille einzig, weil er in der Frage dieses Verhältnisses Gewißheit braucht. Gantenbein nimmt seinen „objektivierten" Standpunkt des sehenden Blinden ein, um zu erfahren, was „gut und böse" ist in Lilas Beziehung zu ihm. Die Wahrheit aber wird er ebenso wenig erfahren können wie sein Pendant in Jerusalem. Denn wie dieses sich die Erkenntnis verstellt, weil ihm alles „Augenschein" bleibt, verstellt sich jener die Erkenntnis über Lila, weil in seinem Verhältnis zu ihr alles Vorstellung bleibt.

Was die Person Lilas selbst betrifft, so zeigt sich in Gantenbeins Vorsorge eine fatale Perfektibilität. Selbst der Zufall ist in einer Weise in die Berechnung hineingenommen, daß auch die nicht kalkulierbaren Zufälligkeiten den Berechnenden nicht aus der Bahn werfen können. Doppeldeutig allerdings ist auch in diesem Zusammenhang das Wort vom „blinden Zufall", denn in der Tat handelt es sich um einen blind kalkulierten Zufall, wenn Gantenbein die für Lilas Ankunft bestimmten Blumen so lange arrangiert, bis sie das Aussehen des Zufälligen haben. „Immer noch ist da ein Zweig, eine Dolde, eine Farbe, die mich stört, es sieht nicht nach blindem Zufall aus, und das soll es unbedingt, meine ich, unbedingt, ich möchte, daß Lila später, nicht sogleich bei ihrer Heimkehr, aber später, wenn dieses Zimmer bereits wieder voller Handtaschen und Magazine und Handschuhe ist, sich freuen kann, ohne Gantenbein loben zu müssen, im Gegenteil, sie soll mir erzählen, wie schön der Zufall aussieht..." (168 f.).

Die Beobachtungen zeigen: in bezug auf das Verbergen der vorgetäuschten Blindenexistenz gelingt die Vorsorge, in bezug auf die Erkenntnis des Verhältnisses zu Lila gelingt sie nicht. Beide Hinsichten aber verdeutlichen eines: Gantenbeins Haltung gegenüber Lila ist eindeutig. Es ist die Haltung des Berechnenden, Prüfenden, die Haltung des Kalkulierens und Protokollierens. Gantenbein nimmt gegenüber Lila eine Position des Wissens bzw. des Wissen-wollens ein, die ihren Lebensraum im Vorhinein abgesteckt hát. Daß die Kalkulation im einen Falle aufgeht, im andern nicht, ändert nichts an der Feststellung des grundsätzlichen Verhältnisses. Ja, es kann diese Feststellung noch unterstützen. Im ersten Fall ist Lila allein Mittelpunkt der Vorsorge, und der Bezug zu Gantenbein besteht in der Notwendigkeit, ihr gegenüber seine Existenzweise verheimlichen zu müssen. Im zweiten Fall steht die Beziehung der beiden selbst im Mittelpunkt. Würde in diesem Fall die Vorsorge zu einem positiven Resultat führen, wäre das für Gantenbein zugleich die Bestätigung der Existenz „Lilas von außen" und die Rechtfertigung seiner angenommenen Blindenrolle. Die perfekt funktionierende Fürsorge für Lila hat aber gerade den Sinn, „Lila von außen" nicht zuzulassen, ihr jeden für die Verwirklichung einer eigenen, von Gantenbein unabhängigen Existenzweise möglichen Raum zu verwehren. Das Dilemma reproduziert sich auf fatale Weise in seiner Beziehung zu Lila. Was für ihn auf der Ebene der Erkenntnis gilt, gilt für sie auf der Ebene der Existenz. Wie Gantenbein zugleich sieht und nicht erkennt, ist Lila ihm gegenüber zugleich wirklich und doch nicht existent.

Dieser Widerspruch an der Lila-Figur des Romans ist nur zu klären, wenn wir sie in den Kontext der Gantenbein-Adam-Situation des Erkennenwollens stellen. Dabei ist erneut festzuhalten, daß es sich bei dem Verhältnis Lila — Gantenbein um ein „Beispiel" handelt, ein darstellbares Paradigma für das Problem der Erkenntnismöglichkeit des anderen. In diesem Paradigma nun ist Lilas Existenz Verkörperung einer den Roman bestimmenden und in der „wesentlichen Metapher" der angenommenen Blindenrolle angelegten Widersprüchlichkeit. Lila existiert ja nur als Projektion Gantenbeins. Und die alles voraussehende Vorsorge des blinden Gatten demonstriert über die Kennzeichnung der Uneigenständigkeit Lilas als Romanfigur hinaus ihre tatsächliche Unmöglichkeit außerhalb des Gesichtskreises Gantenbeins. Nur in bezug auf ihn existiert sie. Diese Existenz aber ist eine Existenz des Todes.

Dafür steht der Name Lila. Nicht erst im *Gantenbein* ist diese Farbe die Farbe des Todes. „Schwarzviolette Vögel", Zopilote, „die reihenweise warten, bis ein Hund verhungert, ein Esel verreckt", säumen Walter Fabers Weg nach Palenque, dessen Ziel der tote Joachim sein wird. „Drüber Vollmond lila im Nachmittag." Und in der Erinnerung bleiben von dem erhängten Joachim „seine Fingernägel violett, seine Arme grau, seine Hände weißlich, Farbe von Schwämmen". Die Stationen der den Weg Walter Fabers in den Tod vorausdeutenden Reise nach Guatemala sind mit der Todesfarbe beschrieben. Vorweg schon eine Andeutung, wenn Faber in dem Farbkontrast weiß-violett sein Leichengesicht erkennt: „Mein Gesicht im Spiegel, während ich Minuten lang die Hände wasche, dann trockne: weiß wie Wachs, mein Gesicht, beziehungsweise grau und gelblich mit violetten Adern darin, scheußlich wie eine Leiche. Ich vermutete, es kommt vom Neon-Licht, und trocknete meine Hände, die ebenso gelblich-violett sind".[2] So auch sieht sich Gantenbein zu Beginn des Romans, als er sich das erste Mal mit der Blindenbrille betrachtet: „mein Fleisch wie Marzipan, das nicht zur Zeit gegessen worden ist" (39). Hinzu kommt der Verweisungscharakter dieser Stelle innerhalb des Romans mit dem Rückgriff auf die Grabesbeschreibung der leeren Wohnung in der Exposition. Auch hier gibt es „Reste . . ., ziegelhart", die nicht zur Zeit gegessen

---

[2] Homo faber, S. 48, 61, 118, 15.

worden sind. In dieser Wohnung ist es „wie in Pompeji". Zurückgelassen ist das Eßbare nurmehr als „Wegzehrung für eine Mumie" (26).

Dabei ist zu beachten, daß Max Frisch keineswegs die Ebene der Beschreibung etwa zugunsten einer Montage-Technik mit Hilfe von Farbwerten verläßt. Im Gegenteil: die Deutung der Farbe ist zwar auffällig, ergibt sich aber doch erst aus der Häufung der Indizien und nicht aus ihrer möglicherweise unkonventionellen Verwendung. Auch auf der direkten Ebene des Beschriebenen ist das Bild in seiner artifiziellen Schlüssigkeit vorstellbar und ohne den Verweischarakter lesbar. Unter diesem Gesichtspunkt könnten die Beobachtungen zur Farbe lila zufällig, ihr metaphorischer Bezug willkürlich erscheinen, hätte nicht Max Frisch eine Erklärung in den Roman eingeschrieben, die nun keine andere als die gegebene Deutung zuläßt. Von Gantenbeins Blindenbrille heißt es, kaum daß man schon an sie gewöhnt wäre: sie „gestattet kein Rot" (41). Rot aber, so erinnert sich Gantenbein, als er Lila beim Kleiderkauf begleitet, ist für ihn „die Farbe vor allen Farben". Denn „rot ist das Blut, rot ist die Farbe des Alarms, die Fahne bei Sprengungen beispielsweise, rot ist der Mund der Fische, der Mond und die Sonne bei Aufgang und Untergang, rot ist das Feuer, das Eisen im Feuer, manchmal ist die Erde rot und der Tag hinter geschlossenen Lidern, rot sind Lippen, rot ist ein Kopftuch auf den braunen und grünen und grauen Landschaften von Corot, rot sind die Wunden, der Mohn, die Scham und der Zorn, vieles ist rot, der Plüsch im Theater, die Hagebutten, der Papst, die Tücher beim Stierkampf, der Teufel soll rot sein, und Rot erwacht aus Grün" (144 f.). Und noch einmal ist vom Rot die Rede, am Ende des Romans, im Gegenbild des Lebens, in dem die „roten Schollen der Äcker" den „finstern Gräbern" entgegengesetzt sind, dem „Herbstmeer", das fern ist, „dunkel" bleibt.

Nicht zufällig handelt es sich bei der Aufzählung des mit Rot Assoziierbaren um eine „Erinnerung" Gantenbeins. Denn für ihn gibt es kein Rot mehr; seine Brille gestattet es nicht; seine Brille gestattet nur Lila. Rot aber steht für den Bereich vielfältigen Lebens, dem Gantenbein in seiner Existenz keinen Raum mehr lassen kann. Lila als Gegenfarbe ist Farbe des Todes. Von dieser Farbe wird alles, was Gantenbein sehen wird, überfärbt sein. Bezeichnenderweise ist von dieser Überfärbung nur jene Farbe ausgenommen, die üblicherweise mit dem Todesbereich verbunden wird. „Nur Schwarz bleibt Schwarz" heißt es in einem erläuternden Klammerzusatz (65). Nehmen wir hinzu, daß die Romanfigur Lila keine Eigenständigkeit außerhalb ihres Bezugspunktes zu Gantenbein besitzt, so erklärt sich ihre widersprüchliche Existenz. Sie ist als Gantenbeins Korrelat Verkörperung seiner Todeswelt und existiert nur, um die Todeszugehörigkeit der Gantenbein-Adam-Situation auf der Ebene sinnfälliger Darstellung zu demonstrieren. In solcher Verkörperung ist sie zugleich existent im Hinblick auf diese Situation und nicht existent im Hinblick auf ihre Selbstverwirklichung. Sie hat — nicht nur ihres Namens wegen — Zeichenfunktion wie kaum eine andere Figur des Romans. Sollte es überdies Zufall sein, daß die Beschreibung der schlafenden Lila (298), die mit dem hoffnungslosen Versuch Gantenbeins endet, sie mit Alil zu einer Person zu vereinen, wenn auch nur durch die anagrammatische Verbindung der beiden Namen in der Koseform „Lilalil", die beiden gegensätzlichen Farbwerte rot und schwarz betont? Zu Beginn: „Ihr offenes Haar schwarz, eben hat sie sich auf die andere Seite gedreht, ihr Ohr korallenrot", in der Mitte in chiastischer Umstellung wiederholend: „ihr korallenrotes Ohr unter dem schwarzen Haar". Darüber hinaus deutet die vage Erinnerung an das Schneewittchen-Märchen in eben dem Sinne auf die Verschränkung von Tod und Leben. Lila ist tot und lebendig zugleich, ihr Körper „wächsern kühl glänzend", aber auch „warm, sogar heiß vom Schlaf". Aufgehoben werden die Farbgegensätze wiederum mit dem auch hier leitmotivisch eingesetzten Hinweis auf die „Blässe von Herbstzeitlosen". Für Lila wird es die vom Tod erlösende Kraft der Liebe nicht geben. Auf den Stellenwert der Adam-Situation des Erkennenwollens bezogen heißt das: die von Gantenbein eingenommene Position des Wissens, des Prüfens und Kalkulierens, des — im positiven Sinne — Vorsorgens und Berechnens von Zufälligkeiten gestattet kein Leben. Die Lila des Romans ist „Schneewittchen" nur in der Umkehrung, als nicht Erlöste. Sie ist in der Tat „blutloser Schatten"[3].

Keineswegs soll mit diesen Feststellungen der Roman auf einen moralischen Lehrsatz reduziert werden. Es soll nur aufgezeigt werden, auf welche Weise im Rahmen des offen-artistischen Erzählens ein Problem im Roman vorgeführt wird und wo mit Hilfe der Übertragbarkeit des artifiziellen Gestus die Deutungsmöglichkeiten liegen. Das Interpretationsverfahren reproduziert auf seine Weise das Moment des Offen-Artistischen, indem es sowohl auf der Ebene des beschriebenen wie auf der Ebene des gedeuteten Bildes den Funktionszusammenhang der einzelnen Bildteile

---

[3] Für Holthusen, S. 213, ist diese Feststellung allerdings pejorativ im Hinblick auf das erzählerische Potential Max Frischs zu verstehen.

betont. Diese als korrespondierende Zeichen verstanden, erschließen einen artifiziellen Sinnzusammenhang, der keinen Lehrsatz vortragen, sondern einen Problemkreis artikulieren soll.

Unter diesem Gesichtspunkt erscheint dann auch die Erwähnung der Farbe Rot in der Eingangsmetapher vom „Morgengrauen" nicht mehr zufällig. Steht sie doch auch hier im Kontext der Widersprüchlichkeit von Leben und Tod. Denn nicht mit dem lebendigen Pferd der Traumvision, sondern mit dem „leblosen" Pferd an der Wand des Krankenzimmers wird sie verbunden. Es ist „aus roter Terrakotta". Auch hier ist der durch die Farbe erstellte Verweis auf den Sinnzusammenhang nicht aufdringlich. Im Gegenteil, er ist so in das Bild integriert, daß er als Verweis erst im Gesamt der Verweisungsstruktur des Romans erkennbar wird. Bei weitem erreicht er nicht die überraschende Auffälligkeit der Jerusalem-Vorausdeutung der „bunten Autos".

Noch auf anderen Ebenen stellt der Roman Materialien bereit, die die Überlegungen zum Problemkreis Tod und Leben unterstützen können. Gantenbeins Existenz wird als Todesexistenz gedeutet, einmal weil sie die Adam-Situation wiederholt, zum andern weil diese Wiederholung keine anderen als die von Gantenbein geschaffenen Lebensmöglichkeiten zuläßt. Für Lila gibt es nichts Unverhofftes, keine Erwartung. Selbst das für sie Überraschende, der Zufall eines Blumenarrangements etwa, ist geplant. Ihre Deutung erfährt die vorausschauende Handlungsweise Gantenbeins in der Enderlin-Geschichte, die sich damit erneut als interpretierendes Korrelat zur Gantenbein-Geschichte ausweist. Nach jener entscheidenden Nacht mit Lila stellt das Buch-Ich Überlegungen hinsichtlich der Fortsetzung der Enderlin-Lila-Beziehung an. Hier einmal einen allwissenden Erzählerstandpunkt einnehmend, konfrontiert es sich selbst mit der Möglichkeit, ein Jahr der vorausgewußten Enderlin-Geschichte nachzuleben. „Noch einmal: euer Gespräch in der Bar, Geste für Geste, seine Hand auf ihrem Arm, ihr Blick dazu, seine Hand, die zum ersten Mal über ihre Stirn streicht, später ein zweites Mal, euer Gespräch über Treue, über Peru, das er als Land der Hoffnung bezeichnet, alles Wort für Wort ... und noch einmal sind die gleichen Briefe aus dem Kasten zu nehmen, aufzureißen mit klopfendem Herzen, und noch einmal sind alle Pläne zu planen mit dem Wissen, wie alles anders kommt ...". Am Schluß dieser vorausschauenden Retrospektive heißt es: „Es wäre die Hölle". Denn es wäre ein Leben „ohne das Offene, das Ungewisse aus Hoffnung und Angst" (190 ff.). Ein Leben ohne „das Offene", ohne Erwartung ist auch das Leben, das Gantenbein Lila bereitet, insofern er im Voraus weiß, was sie erwartet. Was in der Enderlin-Geschichte als Möglichkeit entworfen wird, vollzieht sich in der Gantenbein-Geschichte am „Beispiel" Lila. Und hier läuft der Faden wieder zurück auf die „wesentliche Metapher" der Gantenbein-Situation. Als blinder Seher weiß er von jener Zukunft, die nur dann als „das Ungewisse aus Hoffnung und Angst" imstande ist, „das Leben erträglich zu machen", wenn niemand von ihr weiß. Aber nicht Gantenbein wird aufgegeben, sondern Enderlin. Denn in seiner Geschichte erfüllt sich nun doch, wenn auch auf ungleich abgeschwächte Weise, was im Entwurf als „Hölle" gekennzeichnet wurde. Es ist zwar nicht die Wiederholung eines schon erlebten Jahres, aber doch die in Grundzügen unveränderbare Wiederholung eines immer wiederkehrenden Geschicks: des Alterns. „Seine Ansichten sind nicht mehr zu ändern. Er wird täglich einen Spaziergang machen vielleicht mit einem Stock ..." (247) „Also altern" bedeutet in Enderlins Geschichte die Abkehr von der Zukunft, von dem „Ungewissen aus Hoffnung und Angst". Und so wird er denn auch aufgegeben mit der Begründung des fehlenden Spielraums der Erwartungen (248 f.). Auch an seiner Figur scheitert die Hoffnung auf das „Offene". Andererseits diente sie gerade, eine Existenz vorzuführen, die sich der Übernahme einer Rolle verweigert. Heißt das in der Umkehrung, daß die Rollenexistenz, für die Gantenbein als Protagonist fungiert, ein Leben mit Zukunft garantiert? Im Hinblick auf Lila ist die Antwort des Romans eindeutig. Sie kann als Projektion Gantenbeins dem durch das Vorauswissen bereiteten Todesbereich nicht entgehen. Gantenbein hat von ihr eine Überzeugung. „Überzeugungen" heißt es aber schon im ersten Tagebuch „sind der beste Schutz vor dem Lebendig-Wahren"[4]. Doppeldeutig, ja widersprüchlich ist die Antwort im Hinblick auf Gantenbein. Einerseits existiert er als Romanfigur nur im Status des blinden Sehers, andererseits bedingt gerade dieser Status seine Todesexistenz. Das Dilemma der Situation wird auch nicht durch das abschließende Verhör des Buch-Ich gelöst (485 ff.). Denn hier wird nur noch einmal der Fiktionscharakter der Gantenbein-Figur festgestellt und die vom Buch-Ich bis zum Schluß durchgehaltene Identifikation mit ihr als Identifikation im Bereich des Möglichen charakterisiert. Die Widersprüchlichkeit der Existenz Gantenbeins wird nicht aufgehoben. Sie wird

---

[4] Tagebuch 1946–1949, S. 308.

nur konstatiert. Zugleich aber wird seine Geschichte als ein Weg durch „finstere Gräber" (496) gekennzeichnet.

Auf diesem Weg sind allenthalben die Merkzeichen des Todes aufgestellt. Vor allem ist es das Spiegelmotiv, das aber nicht nur auf den Tod hindeutet, sondern in dieser Hindeutung die Verbindung des Todesbereichs mit dem Erkenntnisbereich erstellt. Da das Spiegelmotiv in seiner Doppeldeutigkeit selbst wieder Ausprägung eines Gegensatzes ist, gibt seine Analyse den Blick vor allem auf jene doppeldeutige Struktur hin frei, die seine Verwendung im Roman dadurch ermöglicht, daß sie entweder sich selbst als widersprüchlich vorstellt oder aber die Widersprüchlichkeit der sich entsprechenden Erzählpartien zuläßt. Nicht zufällig wird der Widerspruch gleich bei der ersten Erwähnung des Motivs in der Gantenbein-Geschichte akzentuiert. Gantenbein sieht sich mit Blindenbrille im Spiegel, erkennt sich aber nicht, oder vielmehr: erkennt sich als einen anderen. Damit ist von vornherein seine Situation als blinder Seher gekennzeichnet: als Sehender erkennt er doch nicht. Es entspräche aber nicht der doppeldeutigen Strukturierung des Romans, wenn die Aussage des Bildes in dieser Eindeutigkeit bestehen bliebe. Gantenbein erkennt sich zwar nicht, aber er sieht doch „einen Mann von seiner Gestalt". Im Nicht-Erkennen erkennt er sich als einen anderen.

Damit wird das Märchenmotiv des Spiegels durch ein anderes Märchenmotiv, das des Doppelgängers, interpretiert. Dieses Motiv begegnet schon in der Exposition bei der Montage der Figur, dessen Problem der Roman entfalten soll. Es begegnet überdies — wieder leitmotivartig verwendet und mit der Überraschung der plötzlichen Selbsterkenntnis im Spiegel verknüpft — an verschiedenen wichtigen Stationen der das Problem vortragenden Geschichte. Dabei ist vor allem auf zwei Stellen zu achten, die die widersprüchliche Doppeldeutigkeit der Gantenbeinschen Spiegelerfahrung in ihre beiden Komponenten der Selbsterkenntnis und Selbstentfremdung auseinanderlegen. Bezeichnenderweise finden sie sich in den beiden die Gantenbein-Situation deutenden Nebensträngen der Erzählung, in der Enderlin-Geschichte und in einer der „Geschichten für Camilla". Als der „fremde Herr" Enderlin nach der Nacht mit Lila in einer Bar einen Kaffee trinkt und es genießen will „jetzt allein zu sein", weiß er sich im Spiegel von sich selbst beobachtet. „Das einzige Gesicht in dieser Bar, das ihn ab und zu beobachtete, war sein eignes im Spiegel hinter Flaschen ..." Um das Doppelgängermotiv, das möglicherweise von der Realistik der geschilderten Situation verdeckt werden könnte, deutlich zu markieren, heißt es von Enderlins „wassergrauen Augen": „sie blickten aus dem Spiegel, als wären sie wirklich dort im Spiegel, sein Körper aber außerhalb des Spiegels" (106 f.). Erst in diesem „wirklichen" Gegenüber erkennt sich Enderlin. In der Philemon und Baucis-Geschichte für Camilla (362 f.) resultiert die Bestürzung, die das Erkennen im Spiegel hervorruft, aus der Erfahrung der Fremdheit. „Einmal, in einem Hotel, war er bestürzt, als er die Umarmung, während sie stattfand, in einem Spiegel sah, und froh, daß es sein Körper war, mit dem sie ihn betrog, und er schaute in den Spiegel, in dem er sie ebenso betrog." Diese Erfahrung zeitigt zugleich ein Wissen von der Todesverfallenheit eines Bewußtseinszustandes, der sich selbst als anderes erfährt. Von Philemon heißt es: er war „froh um die Tilgung seiner Person, eigentlich heiter".

Das Spiegel-Doppelgängermotiv nimmt auch jenes Problem der Gantenbein-Existenz in sich auf, das seine Situation mit der vieler anderer Figuren des Erzählers Max Frisch vergleichbar macht: das Problem der Entfremdung. Dafür steht wiederum paradigmatisch eine der eingestreuten Geschichten, jene vom „Bäckermeister in O." (170 ff.), die darüber hinaus auch das „Beispiel" Eifersucht aufgreift, um es unter eben diesem Gesichtspunkt der Entfremdung vorzutragen. Auf artifizieller Ebene wird dieser Gesichtspunkt unterstützt durch den Aufbau eines doppelten Kontrasts im Verhalten des „Helden" der Geschichte zu seinem Handeln. Steht doch auf der einen Seite die ernsthafte Beharrlichkeit in der Ausführung seines eifersüchtigen Vorhabens in merkwürdigem Gegensatz zum durch die komische Situation nur als „Posse" zu kennzeichnenden Geschehen, auf der anderen Seite das Verhalten des Bäckermeisters nach der Tat in einem den ersten Gegensatz umkehrenden Kontrast zu seiner eifersüchtigen Bluttat. „Posse" wird das Geschehen durch die Situation, der Burri, Enderlins Arzt — er „glaubt seinen Augen nicht" — zusieht: Bäckergeselle und Bäckersfrau beim Ehebruch, der Bäckermeister im Schrank die Szene belauschend. Burris Vermittlungsversuche haben einen nur scheinbaren Erfolg, denn noch in derselben Nacht wiederholt sich das Geschehen mit der nicht voraussehbaren Konsequenz, das der „gutmütige und verläßliche" Bäckermeister „mit dem Ordonnanzgewehr, das jeder Eidgenosse im Schrank hat", den Gesellen „genau in die Lenden" schießt, seiner Frau mit dem „rostfreien Soldatenmesser" das Gesicht zerschneidet. Nach der Tat aber bringt er, „indem er sie wie Brote in seinen Lieferwagen legte, die beiden Opfer selbst ins nächste Spital." Die kontrastreiche

Konstellation der Geschichte verdeutlicht nur den Widerspruch in der Existenz des Bäckermeisters, der offensichtlich nicht bei Sinnen und doch mit klarem Verstand sein eifersüchtiges Vorhaben ausführt, nach der Ausführung sich aber verhält „wie jemand, der von außen dazukommt und vollkommen bei Sinnen ist".

Hier als „Posse" auffällig in Szene gesetzt wird das Problem der Entfremdung in der Exposition verschlüsselt und anspielungsweise vorgestellt. Die „Verfolgung" der als Objekt der Erzählung gesuchten Figur (9 ff.) endet ohne Resultat. Dennoch gibt es ein dem Buch-Ich entsprechendes Gegenüber. Die scheinbar zufällige Suche trifft nämlich mit Konsequenz auf den Doppelgänger. „Er war ein Mann meines Alters ... er steckte sich eine Zigarette an. Ich sah es in dem Augenblick, als ich mir selbst eine Zigarette anstecken wollte." Schließlich ist es der „fremde Herr" aus der Bar, Enderlin: „Obschon es Vormittag war, trug er einen dunklen Abendanzug, als käme er aus der Oper" (Vgl. 104). Die Enderlin-Lila-Geschichte aber ist ganz von der Entfremdung der eigenen Person bestimmt. Als der „fremde Herr" erlebt das Buch-Ich diese Geschichte: „Als ich den Hörer aufgelegt hatte, war's komisch — wie meistens nach einer Handlung: — die vage Vereinbarung, die der fremde Herr da getroffen hatte, empfand ich nicht als verbindlich für mich; lästig, aber nicht verbindlich" (102 f.). Dennoch wird die Vereinbarung eingehalten, erzwungen durch die Identität mit dem „fremden Herrn". Diese nichtidentische Identität ist in der Exposition mit dem Doppelgängermotiv gesetzt. Auch das Spiegelmotiv ist hier schon eingeführt: „Einmal blieb er vor einem Schaufenster stehen, sodaß ich es in der Spiegelung sehen konnte, sein Gesicht". Allerdings ist eine merkwürdige Umkehrung zu beobachten. Nicht die schließlich aus der Gestalt des Mannes in Paris und dem Gesicht des Mannes in New York montierte Figur ist der Doppelgänger, sondern das Buch-Ich selbst fungiert in dieser Rolle, indem es den Gesuchten verfolgt.

Doppelgänger- und Spiegelmotiv kommen in der Verbindung von Vorauswissen und Tod überein. Selbst der Versuch des Buch-Ich, sich von der Zigarette rauchenden Figur dadurch zu unterscheiden, daß es sich eine Pfeife ansteckt, muß scheitern, da es gerade durch diese Unterscheidungsgeste in fataler Weise mit jenem Toten identifiziert wird, von dem der Roman seinen Ausgang nimmt. Von ihm wird nämlich die „vergessene Pfeife auf dem Tisch" (8) bemerkt. Dem Todesbereich entgeht das Buch-Ich nicht, weder in der Beharrung auf der Fiktion „Mein Name sei Gantenbein" noch in der entfremdenden Identifikation mit Enderlin. Denn Gantenbeins Situation ist in der Wiederholung des „Sündenfalls" die Übernahme der Todesexistenz Adams. Und wenn in der Exposition die Enderlin-Figur als Doppelgänger des Buch-Ich auftritt, zudem in der Schilderung der Begegnung mit Lila das Moment der Entfremdung dominiert, so bedeutet dies einmal, daß auch Enderlins Weg durch den Roman ein Gang durch „finstere Gräber" ist, zum andern, daß dieser Weg eben durch die auf ihm demonstrierte Entfremdung zu einem Todesweg wird.

Spiegel- und Doppelgängermotiv sind aus ihrer Verwendung im Märchen und im Aberglauben zu deuten. Der Spiegel gilt als „Stück erweitertes Selbst." In die erweiterte Erkenntnis des Selbst aber ist die Todesverkündigung schon eingeschrieben. Vom Spiegelbilde gilt, was vom Doppelgänger gilt: beide deuten auf den Tod. „Sieht man im Spiegel neben dem seinen ein zweites Gesicht, so wird man bald sterben ... — ein Glaube, der mit der todverkündenden Erscheinung des Doppelgängers zusammenhängt."[5] So nimmt es nicht wunder, wenn am Schluß der Gantenbein-Lila-Beziehung dieses Motiv mit der Angst vor dem Tod verbunden aufgegriffen wird. Lila am Schminktisch in ihrer Garderobe bemerkt nicht den anderen Mann, der außer Gantenbein anwesend ist. „Erst als Lila sich gegen den Spiegel vorneigte, ihre Wimpern prüfend, erschrak sie, und ihre dünnen Finger, die gerade ihre Schläfen reiben wollten, erstarrten vor dem Mann im Spiegel." (465) Auch in bezug auf das Spiegelmotiv ist die „tröstliche" Geschichte von Alil Gegenstück zur Gantenbein-Geschichte. Denn vom Mädchen Alil heißt es, daß sie nicht nur schöner war, als alle anderen Mädchen, „sondern auch lieber, da es blind war und in keinem Brunnen je gesehen hatte, wie schön es war". In dieser Gegengeschichte kann das Spiegelmotiv des Todes nicht wirksam werden.

Wirksam wird es in der von der Enderlin-Geschichte interpretierend und zugleich kontrastierend begleiteten Gantenbein-Erfahrung. Ist diese gekennzeichnet durch die nie in Erlösung aufgehende und daher endlose Wiederholung der Adam-Situation, so stellt jene den ebenso unabsehbaren Versuch dar, eine die Zeit aufhebende Erfahrung in der Zeit zu machen,

---

[5] Vgl. Hans Bächtold-Stäubli, Handwörterbuch des deutschen Aberglaubens, Berlin und Leipzig 1927 ff., II, Sp. 346–349; XI, Sp. 547–577; hier II, 559.
Auch der Eingang von *Bin oder Die Reise nach Peking* verknüpft — so wenig im übrigen die Erzählung davon zu sprechen scheint — das Doppelgängermotiv mit der Todeserfahrung.

der Wiederholung auch nur im Bewußtsein zu entgehen. Beide Positionen aber sind umstellt von den Zeichen des Todes. Weder in dem einen noch in dem andern Fall gibt es eine Lösung. Denn das Sich-Abfinden Enderlins mit dem Altern verschiebt nur das Problem; Gantenbeins Versuch, dem Eingeschlossensein seiner Eifersucht zu entgehen, beendet seine Existenz. Dabei ist freilich zu beachten, daß Gantenbein und Enderlin auch im Rahmen der Doppelgängerdisposition Fiktionen sind, ihre Positionen probeweise erstellt werden. Die in das Unauslotbare weisende Signatur des probeweisen Betretens des Todeslandes, das einmal in der Entfremdung des eigenen Ich, zum andern in der Unbegreiflichkeit der eigenen Existenz seinen Ausgang nimmt, kulminiert in dem Wort vom „Sturz durch alle Spiegel". Der durch den doppelten Hinweis „als wäre nichts geschehen" (25) und „alles ist wie nicht geschehen" (496) gegebene Parallelismus dieser Stelle mit dem Schlußbild des Romans deutet zudem diesen „Sturz" als Gang durch die „finstern und gar nicht kühlen Gräber".

Auch in die die Thematik des Romans zusammenfassende Eingangsmetapher vom „Morgengrauen" ist schon im Symbol die auf das Todesland weisende Signatur eingetragen. Ähnlich Spiegel und Doppelgänger wird hier der aus dem Granit herausspringende Pferdekopf in seiner symbolhaften Wertigkeit sprechend. Denn von alters ist das Pferd „die Verkörperung von etwas Unheimlichen, auf den Tod Deutenden".[6] Dabei ist es von sekundärer Bedeutung, ob es sich um ein Pferd oder — wie hier — um einen Pferdekopf handelt. Denn in mythischer Vorstellung vertritt der Teil das Ganze. Das Pferd aber deutet nicht nur auf den Tod hin, es bedeutet in Identifikation von Zeichen und Bezeichnetem auch den Toten selbst. In der Symbolhaftigkeit des Pferdes können sich Tod und Toter identifizieren, eine nicht unwichtige Feststellung für die Deutung der Eingangsmetapher im Hinblick auf ihre Funktion für die Ausfaltung des Problems im Roman. Zudem gilt das Pferd ursprünglich als Todesführer und ist deshalb in sinnbildlichen Darstellungen von Sterbe- und Begräbnisszenen beliebt. Von hierher erklärt sich die Anspielung auf die „etruskischen Flöten in den Gräbern" (496) im Schlußbild des

---

[6] Ludolf Malten, Das Pferd im Totenglauben. In: Jahrbuch des deutschen archäologischen Instituts 29 (1914), S. 210. Vgl. Bächtold-Stäubli, VI, Sp. 1598–1652 und Sp. 1664–1670; W.H. Roscher, Ausführliches Lexikon der griechischen und römischen Mythologie, Leipzig 1884 ff. (Nachdruck Hildesheim 1965), VI, Sp. 71; Edgar Herzog, Psyche und Tod, Zürich und Stuttgart 1960, S. 77 f.

Romans. Denn gerade in den Grabmälern Etruriens finden sich Darstellungen von Toten, die auf einem Gespann oder zu Pferde von Charon ins Totenreich geleitet werden.[7] Die zufällig erscheinende Anspielung auf die etruskischen Gräber erfährt aus der in der Exposition bereiteten Symbolfunktionen des Pferdekopfes ihre Bedeutung.

Was in der Eingangsmetapher, im Spiegel- und Doppelgängermotiv verschlüsselt vorgestellt ist und erst durch die die Symbolfunktion der Bilder beachtende Analyse bereitgestellt werden kann, zeigt sich offen in der Enderlin begleitenden Hermes-Figur. Zunächst als beiläufiges Accessoire auftretend wird sie in ihrer Bedeutung immer auffälliger an den entscheidenden Stationen von Enderlins Weg eingesetzt. Als dieser namentlich im Roman eingeführt wird, ist Hermes schon im Spiel; denn es geht um seinen „besonderen Erfolg", um den Ruf an die Harvard-University, Anerkennung für seine Arbeit über die Hermes-Figur (57 ff.). Von der Nacht mit Lila im Museum Abstand zu gewinnen suchend, stößt Enderlin auf diese Figur und „zwingt sich" zu lesen: „Hermes. Wahrscheinlich Anfang 3. Jahrhundert vor Chr." (119). Dann erfährt Camilla Huber von Gantenbein nach seinem nichts klärenden Gespräch mit Enderlin von dessen Aufsatz über die mythologische Gestalt. Schließlich wird ein Auszug aus dem Manuskript mitgeteilt, der allerdings bezeichnend ist. Er beginnt mit der Feststellung der Vieldeutigkeit des Hermes und endet mit seiner Funktion als „Bote des Todes" (226). Auch an die Hermes-Säule als Todeszeichen auf dem Lebensweg von Damaskus nach Jerusalem ist zu erinnern. Darüber hinaus hat die Figur in den „Erprobungen" der Lila-Existenzen des zweiten Teils ihren vieldeutigen Platz. Dino, Lilas Bruder in ihrem Contessa-Dasein, ist „anzusehen wie ein heidnischer Lockengott, ein Hermes vielleicht, der nirgends anstößt" (333). Mit Dinos Person reproduziert sich das Hermetische in seiner widersprüchlichen Ambivalenz. Denn der Conte ist Kommunist, was aber nicht einmal seine Bedienten bemerken, „und er dient dem Kommunismus, gerade indem er sich als Kapitalist verhält". Die gegensätzliche Doppeldeutigkeit Dinos

---

[7] Vgl. Malten, S. 231; Pericle Ducati, Die etruskische, italohellenistische und römische Malerei, Wien 1941, Taf. 20; Reinhard Herbig, Die jüngeretruskischen Steinsarkophage, Berlin 1952, S. 31 und Abb. 49; Clelia Laviosa, Scultura tardoetrusca di Volterra, Firenze 1964, S. 158 f.; Luisa Banti, Etruscan Cities and their Culture, transl. by E. Bizarri, London 1973, S. 191 f.
Als Bildvorlage für seine Beschreibung der Pferdekopf-Traumvision dürfte Max Frisch Johann Heinrich Füsslis „Die Nachtmahr" gedient haben.

spiegelt im zweiten Teil wider, was in der Hermesfigur des Enderlin-Manuskripts dominiert. Hier ist alles auf die Ambivalenz der mythologischen Figur abgestellt. Hermes ist zugleich „ein Schelm", der „die Sterblichen gern zum Narren hält". Die Herme, sein Zeichen, aber ist „Wegweiser". Hermes ist „ein Helfer, ein Glückbringer, aber auch ein Irreführer". Er ist ein „freundlicher Gott, den Menschen näher als die andern Götter", aber er liebt auch „das Unberechenbare und Unverhoffte ..., das Unheimliche in aller Heiterkeit". Unberechenbar ist er vor allem in seiner Funktion als Todesbote (224 ff.).

Auch das Enderlin-Manuskript stellt eine Art Engführung des Themengewebes dar. Wird es doch durchgängig von dem den Roman strukturierenden Gedanken der Doppeldeutigkeit bestimmt und verbindet — durch die mythologische Gestalt ermöglicht — mit ihm in gegensätzlicher Verschränkung die verschiedenen Bereiche des Erotischen, des Unheimlichen und des Zufälligen. Als phallisches Wegzeichen ins Totenreich mahnt die Herme an die irreführende Verbindung von Liebe und Tod. Als Gott des Zufalls über das unverhoffte Glück herrschend findet Hermes in Gantenbein seinen zuverlässigen Adepten — zugleich auch seinen Gegenspieler. Denn Gantenbeins Zufallsberechnungen fehlt gerade das Hermes auszeichnende Moment des Plötzlichen und Launischen, wenngleich auch dieses Moment in der Gantenbein-Existenz nicht ausgespart bleibt. Und die Unheimlichkeit seiner Heiterkeit wird doch Lila erst bewußt, als sie das Hermes-Spiel mit dem Tode nach der Erkenntnis von Gantenbeins „Betrug" von sich aus beendet. Von dieser Unheimlichkeit weiß eher das Buch-Ich zu berichten: „Gantenbein macht mich unsicher" (322). Freilich ist es die Ungewißheit über Gantenbeins Blindenrolle, die die Unsicherheit hervorruft. Das Unheimliche, das nicht Faßbare seiner Figur ist gerade Signum hermetischer Existenz. Hinzu kommt die mehr äußerliche Imitation. Denn Gantenbein imitiert Hermes auch in der Rolle des Reiseführers (310 ff.). Als blinder Wegweiser weiß er durch seine scheinbar unsinnigen Fragen die Touristenaugen für das spezifisch Künstlerische zu öffnen. Und von fern noch erinnert die Pose des Blinden, in der Gantenbein zugleich anwesend und abwesend sein kann, an die Vorliebe des Hermes, „unsichtbar zu sein, wenn er den Sterblichen naht" (225). Auch Gantenbein ist in seiner scheinbaren Abwesenheit der blinden Augen doch gegenwärtig, ja allgegenwärtig, wie Beatrice erfährt. Das Plötzliche und Unberechenbare im Auftreten des antiken Gottes zeigt sich in den von Gantenbein inszenierten „blinden Zufällen" seiner immer rechtzeitigen

Anwesenheit. Überraschend ist die Gegenwärtigkeit angesichts seiner Blindheit für seine Umwelt, nicht für ihn selbst. Wie Hermes ist auch er ein „Schelm", ein Betrüger durch seine angenommene Rolle, doppeldeutig, ja widersprüchlich.

Der Name Hermes steht aber auch für jene ins Unabsehbare weisende und im Unaussprechbaren sich nur noch dieses Namens versichernde Erfahrung, die Enderlin in den Todesbann dieses Romans zieht. Nur mit dem antiken Sprichwort „Hermes ist eingetreten" (60)[8] weiß er seine Erfahrung zu umschreiben. Daß Hermes eingetreten ist, bedeutet im Kontext der geschilderten Situation mehr als die Kennzeichnung der „Verlegenheit des Augenblicks". Es gibt diesem „belanglosen Abend" die mythische Weihe der unaussprechbaren Enderlin-Erfahrung vom Tode. Diese Erfahrung ist auf eine merkwürdige Weise mit der Erfahrung der Zeit verknüpft. Noch in der resignativen Feststellung „also altern" verbirgt sich ja gerade im Ausspruch des Gegenteils der Wunsch, den notwendigen zeitlichen Ablauf aufhalten zu können, insofern die Resignation dieser Äußerung die Einsicht in das Unabwendbare als eine nur vorgegebene, nicht als eine übernommene kennzeichnet. So korrigiert in ihrer Hoffnungslosigkeit gerade diese Äußerung jene Erfahrung im Anschluß an die Begegnung mit Lila, die von der Unmöglichkeit der „Hoffnung gegen die Zeit" spricht (111). Wenn es keine Hoffnung gegen die Zeit gibt, wäre ja positiv formulieren: es gibt nur eine Hoffnung mit der Zeit. Aber die Fortsetzung der Enderlin-Geschichte mit ihrem resignierenden Ausgang macht diese Feststellung fragwürdig.

Der „Hoffnung gegen die Zeit" aber galt die Begegnung mit Lila (104 ff.). Keine Erfahrung des Buches spricht sich so unmittelbar aus wie diese und keine interpretiert sich so unmittelbar durch die sie begleitende Reflexion. Die Hoffnungslosigkeit in der Zeit findet in der Kategorie der Wiederholung ihren Namen. Diese Kategorie leistet ein Doppeltes: zum einen erklärt sie das einmalig und einzigartig Erscheinende zu einem Beliebigen und damit Zufälligen, zum anderen bindet sie das einmal und unwiderbringlich Geschehene, indem sie ihm einen Platz in der Vergangenheit

---

[8] Das Sprichwort — geläufiger in der christianisierten Wendung „Ein Engel geht durchs Zimmer" — findet sich bei Plutarch, Moralia 502 F, in der Abhandlung „de garrulitate". Für den Nachweis danke ich Dr. Ruprecht Wimmer. Max Frisch verwendet es gern mit von seinem Ursprung abgeleiteter konkretisierender Tendenz. Vgl. Biografie, S. 105; Montauk, S. 96.

anweist, an den unaufhaltsamen zeitlichen Ablauf. Die Wiederholung ist jene Kategorie, die die „Hoffnung gegen die Zeit" vernichtet. Konsequenterweise muß Enderlin, wenn er in seiner Begegnung mit Lila nicht der Hoffnungslosigkeit der Zeit verfallen will, versuchen, der Wiederholung zu entgehen. Von diesem Versuch ist denn auch bald die Rede: „Sie hatten einander versprochen, keine Briefe zu schreiben, nie, sie wollten keine Zukunft, das war ihr Schwur: Keine Wiederholung — Keine Geschichte". Daß Enderlin und Lila doch eine Geschichte haben, in der sie der Wiederholung nicht entgehen können, bestätigt nicht nur die Zufälligkeit der Begegnung, sondern zeigt darüber hinaus deren grundsätzliche Zeitverfallenheit, die sie an die Erfahrung des Todes bindet.

Als zufällige wird die Begegnung schon in der ersten der nachträglichen Überlegungen gekennzeichnet: „eine Nacht mit einer Frau, die eingehen wird in jene seltsame Zahl, die man niemals nennt. Mille e tre!" Aber gerade diese Zufälligkeit bietet Enderlin die scheinbare Gewähr, der Wiederholung zu entgehen. Denn „niemand kannte ihn hier"; die Möglichkeit einer zweiten Begegnung scheint überdies angesichts seiner für den nächsten Tag bevorstehenden Abreise aus der „fremden Stadt" ausgeschlossen. Dieser zunächst konstatierten Belanglosigkeit des Erlebnisses kontrastiert um so schärfer die mit ihm verbundene, ja durch es erwirkte Erfahrung der Möglichkeit einer Hoffnung gegen jene Zukunft, die das Vergangene immer nur als zwar in den individuellen Modifikationen Verschiedenes, in der grundsätzlichen Wiederkehr aber als Gleiches reproduzieren kann. Auch hier wird das Thema der Entfremdung eingebracht und mit ihm an die Eingangsmetapher vom „Morgengrauen" erinnert. Denn genau an die Stelle, die im Ablauf der Erzählung von der Nacht mit Lila berichten müßte, tritt der die Entfremdung benennende Satz: „Der fremde Herr: Enderlin". Das Ausgesparte wird anschließend stückweise und durch die Überlegungen des Buch-Ich gebrochen nachgeholt. Und die nachdenkliche Aufnahme der ersten Begegnungsszene mit Lila in der Bar beschäftigt erneut die Erfahrung der Selbstentfremdung des erzählenden Ich mit dem Hinweis auf den Riß zwischen ihm und diesem „fremden Herrn". In dieser Aufspaltung der Person hat die eigentümliche Ambivalenz der Erfahrung des gleichen Erlebnisses ihren Platz. Denn offenbar nur für den „fremden Herrn" ist die Begegnung eine jener namenlosen und endlos fortzusetzenden in der Reihe „mille e tre". Für das erzählende Ich aber scheint sie die Aufhebung dieser endlosen Kette zu bedeuten, da sie zumindest die Möglichkeit der Zeitüberwindung einschließt.

Die Spaltung der Person wird freilich wieder aufgehoben. Jedoch so, daß gerade durch diese Aufhebung ihre Bestätigung erfolgt. Wird doch die Identität im Spiegelbild erstellt, eine Identität, die sich als Nichtidentität verstehen muß. Die „wassergrauen" Augen, in denen sich das Buch-Ich erkennt, gehören nämlich dem anderen, Enderlin. Dieses Erkennen der Identität in der Nichtidentität wird durch das Spiegelmotiv zusätzlich mit dem Todessignum versehen.

So vorbereitet ist dann die Rede von der anderen „namenlosen" Erfahrung dieser Begegnung. „Schon vor acht Uhr morgens, während sie noch schlief mit ihrem offenen Haar, war die Welt, in einer Nacht der Umarmungen namenlos versengt, wieder vorhanden, wirklicher als ihre Umarmungen." Auch hier ist „nichts geschehen" nach der Nacht. Die Situation ist die gleiche wie die nach dem „Sturz durch alle Spiegel", wie die nach dem Erscheinen des mythischen Todesboten. „Die Welt setzt sich wieder zusammen ... langsam beginnt man zu plaudern." (25; 61) Der Hinweis auf die situative Parallelität der drei Szenen entdeckt eine Gleichartigkeit des Erzählgestus, die in der Wiederholung ihr zurückweisendes interpretatives Moment, in der mit der Wiederholung zugleich gegebenen Intensivierung ihr steigerndes Moment hat. Die Unaussprechbarkeit der in diesen Situationen dargestellten Erfahrung manifestiert sich schon in der ersten durch den mit dem Irrealis verstärkten Sprachductus des modalen Vergleichs: „es ist wie ... als wäre nichts geschehen". Die Erfahrung des Sturzes durch den Spiegel wie die der Hermeserscheinung ist nicht aussprechbar, sie ist nur im Vergleich vorstellbar. In diese Unaussprechbarkeit stellt gerade das irreale „als ob" die gesamte Erzählung, wenn das Schlußbild eingeleitet wird mit der Feststellung: „Alles ist wie nicht geschehen". Dennoch gibt es auch im Roman Situationen, in denen das Unaussprechliche in bewußter Abkehr von der bildlichen Vergleichsebene wenigstens fragend und in Überlegungen auszuloten versucht wird. Als eine solche Situation gibt sich Enderlins nachträgliche Wertung der Begegnung mit Lila. Daß sie durch den Erzählgestus den Situationen des Spiegelsturzes und der Hermeserscheinung gleichgestellt wird, ist deutliches Signal für den Versuch einer möglichen Klärung der zuvor nur vergleichsweise konstatierten Erfahrung.

Freilich scheint auch hier vorerst nichts anderes als die Erfahrung der beiden Vorläuferszenen wiederholt zu werden, wenn davon die Rede ist, daß in der „namenlosen Umarmung" der Nacht die Welt nicht mehr vorhanden war. Die kommentierenden Überlegungen des Enderlin-Buch-Ich aber interpretieren dieses „Ausbleiben" der Welt in Richtung auf die Zeiterfahrung. Zunächst im Zusammenhang mit „grünschmutzigen Autobussen und Reklamen ... mit Straßennamen und Denkmälern", aus denen sich die verlorengegangene Welt wieder zusammensetzt, genannt, scheint die Erinnerung des „Datums, das er sich nicht merken wollte", eher beiläufig. Aber auch sie schon hat Signalwert. Deutet sie doch auf jene zugespitzte Szene im Eifersuchtsverhältnis zwischen Gantenbein und Lila voraus, in der Gantenbein schließlich die vermeintlichen Briefe des Dänen liest. Denn hier kommentiert er das Fehlen des Datums mit dem Hinweis: „ja alle Lust will Ewigkeit, ich weiß, tiefe, tiefe Ewigkeit" (235). Im Zuge der weiteren Überlegungen des Buch-Ich zur Nacht mit Lila konzentriert sich allmählich alles auf die Identität von Weltverlorenheit und Zeitvergessenheit, freilich in einer durch die Komposition nahegelegten Deutung der Zeitvergessenheit als antizipierende Zeiterfüllung. Vergessen nämlich wird in der Begegnung mit Lila nur jene Zeit, die die Uhren zeigen. Nicht zufällig vergewissert sich Enderlin an diesem Morgen der erneuten Welterfahrung des öfteren und prüfend dieser Zeiterfahrung: „Er blickte jetzt auf seine Uhr... Jetzt war es 9.05. Sofern sie noch ging, seine Uhr. Um 11.30 hatte er eine Verabredung... Er hielt seine Uhr ... gegen sein Ohr; sie ging. Also 9.05". Aber gerade diese Zeiterfahrung kann ein Paradox der Zeit aufdecken, das Paradox der Gleichzeitigkeit von Einmaligkeit und Wiederkehr. Denn die endlose Abfolge des zeitlichen Nacheinander versichert sich um der Möglichkeit ihrer Erfahrung willen der Wiederholung. Das ununterbrochene Fortschreiten wird zur unterbrechenden Rückkehr durch die Wiederaufnahme der gleichen Einteilungspunkte. Die Linie des endlosen Nacheinander wird zum Kreis der ständigen Wiederkehr. Eben diese Erfahrung macht Enderlin in seiner Begegnung mit Lila. „Seit sie einander zum ersten Mal gesehen hatten — gestern nachmittag in jener öden Bar — waren noch keine vierundzwanzig Stunden vergangen. Noch gab es für sie keine Wiederholung auch nur der Tageszeit. Kein Gestern, kein Heute, keine Vergangenheit, keine Überrundung durch die Zeit: alles ist jetzt." Dieses Jetzt steht in einem merkwürdig entsprechenden Kontrast zu dem erhofften Jetzt der nächtlichen Begegnung. Denn es ist markiert als zufälliger und unwiderbringlicher Punkt auf der endlosen Linie zeitlicher Abfolge. Zugleich ist es umstellt von der Unabweisbarkeit der Wiederholung, die aber ihre Bedrängnis nur als befürchtete Möglichkeit, nicht als eingetretene Wirklichkeit durchsetzen kann. „Noch war die Welt einfach außen." Hier verbindet sich das Jetzt der Uhr und das gewollte Jetzt der nächtlichen Erfahrung. Aber hier schreibt sich auch der Widerspruch ein. Denn das nächtliche Jetzt ist durch eine Erfahrung und durch eine Hoffnung gekennzeichnet, deren Umkehrung das Jetzt, das die Uhren zeigen, bestimmt.

Von Lila und Enderlin heißt es: „Sie wollten, was nur einmal möglich ist: das Jetzt". Die diesen Versuch ermöglichende Erfahrung war das „Außen-sein" der Welt, und die sie begleitende Hoffnung ist die Hoffnung auf Überwindung der Zukunft — verstanden als Fortsetzung einer Geschichte — durch die Verweigerung der Wiederholung. Diese negative Abhebung der einmaligen nächtlichen Zeiterfahrung von der alltäglichen zeigt doch noch in der Abwehr der die meßbare Zeit bestimmenden Faktoren ‚Welthaltigkeit' und ‚wiederholender Ablauf' einen positiven Impuls, insofern ja die Begegnung zwischen Enderlin und Lila nicht durch das Ausbleiben der Zeit, sondern durch ihr Gegenwärtigsein gekennzeichnet wird. In dem von den beiden Liebenden gesetzten Jetzt bekommt eine Zeiterfahrung Gewicht, die sich zwar nur in negativer Beschreibung gegenüber der meßbaren Zeiterfahrung artikulieren kann, die sich aber keineswegs in dieser Position der Negation erfüllt. Bleiben auf der einen Seite die beiden Zeitkonstituanten ‚Welthaltigkeit' und ‚Wiederholung' aus, und wird auf der anderen Seite ein Zeitbegriff gesetzt, der sich in dem erfährt, „was nur einmal möglich ist", so ist von einer Zeiterfahrung die Rede, die mit dem Jetzt nicht mehr den Punkt auf der endlosen Linie des Zeitablaufs meint, sondern den die Zeit aufhebenden und in sich aufnehmenden erfüllten Augenblick.

Offensichtlich prägt sich in dem Jetzt der Lila-Enderlin-Begegnung jene doppelte Zeiterfahrung aus, die üblicherweise mit den Termini physikalische und anthropologische Zeit umschrieben wird.[9] Physikalische Zeit kennzeichnet sich durch das Gegenspiel von Wiederholbarkeit und Unwiderruflichkeit, in dem das einmal Geschehene nur noch als vergangenes Datum feststellbar ist, das Geschehen selbst aber der Wiederholbarkeit geöffnet ist. In dieser Zeitauffassung gibt es im strengen Sinne keine Gegenwart, nur das punktuelle Aufeinanderstoßen von Vergangenheit und Zukunft im Jetzt eines meßbaren Augenblicks. Demgegenüber entfaltet

---

[9] Vgl. zur Herkunft und theologischen Bedeutung der beiden Begriffe: Joseph Ratzinger, Jenseits des Todes. In: Internationale katholische Zeitschrift I (1972), S. 231–244.

sich die anthropologische Zeit ausschließlich als Gegenwart im Sinne der Vergegenwärtigung sowohl des Vergangenen wie des Zukünftigen im Jetzt eines nicht dem Zeitmaß der Dauer unterliegenden Augenblicks. In diese Gegenwart trägt sich das Vergangene als Erinnerung, das Zukünftige als Hoffnung ein. Freilich wird die eine Zeiterfahrung nicht ohne die andere gemacht. Das Jetzt der anthropologischen Zeit ist nicht möglich ohne das der chronologischen mit seinem Spannungszustand von Vergangenheit und Zukunft. Andererseits ist die chronologische Zeit in der Gegenwart der anthropologischen Zeit aufgehoben im doppelten Sinne des Wortes — aufgehoben im Sinne der Negation: denn im anthropologischen Jetzt herrscht nicht das Meßbare, aufgehoben auch im Sinne der Überhöhung: denn hier erst kann sich das in der meßbaren Zeit nur punktuell und in der Negation erfahrbare Gegenwartsverhältnis von Vergangenheit und Zukunft entfalten. Der Gegenwärtigkeitsaspekt der anthropologischen Zeit kann auch verdeutlichen, weshalb es in ihr weder das Moment der Wiederholbarkeit noch das der Unwiderruflichkeit gibt. Anthropologische Setzungen sind einmalig und unwiderbringbar, sie sind aber nicht mit dem Akt der Setzung vergangen. Und in der Erinnerung werden sie nicht nur einfach wiederholt, sie besitzen in ihr eine bleibende Gegenwärtigkeit.

Gegenwärtigkeit ist das Stichwort für die nächtliche Erfahrung der Lila-Enderlin-Begegnung. Aber diese Gegenwärtigkeit kann sich nicht verwirklichen. Denn gerade in dem Jetzt der Nacht erweist sich die Mächtigkeit der Zeit der Uhren. Wie kaum an anderer Stelle des Romans behauptet sich an dieser das Kompositionsprinzip der kontrastiven Varianten. Denn nur von einer durch drei Punkte markierten Pause unterbrochen, konfrontiert Max Frisch beinahe mit ironischem Einschlag die beiden für die Enderlin-Geschichte bestimmenden Zeiterfahrungen: „Sie wollten, was nur einmal möglich ist: das Jetzt ... Das war kurz nach Mitternacht gewesen". Indem das nächtliche Jetzt als ein Datum auf der Uhr festgelegt wird, hat es seine Bedeutung im Sinne anthropologischer Zeiterfahrung verloren. Die zeitlich nicht zu lokalisierende Augenblickserfahrung „war kurz nach Mitternacht gewesen". Das Erwünschte, die Zeit ohne die Zukunft der Wiederholung wird in der Reflexion durch die Zeit der Wiederholung selbst aufgehoben. Als müßte eigens betont werden, daß die Herrschaft dieser Zeit und nicht die Herrschaft der Zeit des nächtlichen Erlebnisses über Enderlins Geschichte steht, fügt sich unmittelbar die Mahnung an: „und das galt auch für ihn". Freilich ist dieser Hinweis in seinem Bezug wiederum nicht eindeutig. Kann er doch auch auf das Jetzt der Begegnung bezogen werden. Aber gerade dieses Jetzt ist schon von der Zeit der Uhren umstellt. Am Ende der Enderlin-Geschichte gibt es nurmehr die Repetition, die Wiederholung.

Aus der Bedeutung dieser auf die Spitze getriebenen kompositionellen Gegenüberstellung der beiden skizzierten Zeiterfahrungen erklärt sich die im Vergleich zu anderen Erzählpartien des Romans breit ausgefaltete Anlage der Begegnung zwischen Enderlin und Lila. Gilt sie doch dem immer wieder aufgenommenen Versuch, die Zeit der Uhren zurückzudrängen. Dies geschieht zunächst — zusätzlich mit dem Vorwand versehen, die Wartezeit in der Bar zu überbrücken — durch die Erzählung einer Begebenheit aus der Zeit des zweiten Weltkrieges. In dieser historischen Reminiszens wird Geschichte zu erinnerter Gegenwärtigkeit, indem das zuvor vergleichsweise abstrakt erörterte, wenn auch durch die Geschichte vom Milchmann und vom Pechvogel beispielhaft illustrierte Problem der Rollenexistenz in einer persönlichen Erfahrung des Buch-Ich aufgegriffen wird. Denn ein anderer wäre der Erzähler jetzt, hätte er den „Deutschen", der offensichtlich das Gelände erkundete, auf dem Piz Kesch „über die Felsen gestoßen" (84). Aber noch die unterlassene Tat behauptet als immer wiederkehrende Erinnerung Gegenwärtigkeit. Wie eine Abwehr mutet der die Erinnerung beendende und in die Zeitspektive der Situation in der Bar zurückführende Satz an: „Zeit zum Zahlen" (91). Vergessen aber war, daß der sich Erinnernde „seit anderthalb Stunden" auf jemanden gewartet hat. Nun erscheint Lila. Und schon ihre einleitende Floskel „Aber ich will Sie nicht aufhalten" (92) spricht die eigentümliche Doppeldeutigkeit der Zeiterfahrung dieser Begegnung an. Denn aufhalten wird sie Enderlin in der Tat nicht, da er ihretwegen keinen der im Voraus festgelegten Termine versäumen wird. Aufhalten aber wird sie ihn in ganz anderer Weise, augenblicksweise nämlich in dem von den Uhren bestimmten Zeitverständnis. Und der Blick auf „ihre winzige Uhr" nach einem Gingerale dient nur noch verlegenheitshalber der Versicherung der drängenden Uhrzeit, folgt ihm doch die Feststellung des Buch-Ich: „Ich habe aber Zeit. Auch sie hat eigentlich Zeit" (95). Die von Lila mit gespielter Überraschung zur Kenntnis genommene Uhrzeit — 3 Uhr nachmittags — wird dann auch auf bezeichnende Weise kommentiert: „Drei Uhr nachmittags ist eine fürchterliche Stunde, die Stunde ohne Gefälle, flach und aussichtslos, ich erinnere mich an die ferne Kinderzeit, wenn ich krank lag, und es war drei Uhr nachmittags, Bilderbücher,

Apfelmus, Ewigkeit". Schon hier wird die Feststellung der Uhrzeit auf eine Ebene der Zeitbetrachtung überführt, die das Maß der Uhr auszuschalten trachtet. Noch einmal erinnert die telefonische Verabredung für den Besuch der Oper an die Zeit der Termine und Uhren. Aber gerade die Versäumnis dieses Termins bringt die Ermöglichung des die Zeit überwindenden Jetzt. Die deplazierte Kleidung am andern Morgen — „ein Herr im dunklen Abendanzug" inmitten anderer, „die zur täglichen Arbeit gehen" (104) — kennzeichnet das Derangement hinsichtlich der Zeit auf ihre Weise. Und der Hinweis auf die „möglichst unauffällige Haltung" verstärkt eher die Verwirrung als daß er sie vermindert. Nicht zurecht finden wird sich Enderlin in der Zeit bis zur Erinnerung jenes Augenblicks der Nacht, in dem sie wollten, „was nur einmal möglich ist". Es „verwirrte ihn . . ., daß es Dienstag war, Dienstag der soundsovielte, und er wußte nicht, warum es ihn verwirrte" (105). In die Erinnerung an die Nacht mit Lila trägt sich dann allmählich das verlorengegangene Zeitbewußtsein wieder ein, bis es schließlich allein bestimmend wird. „Schon nach einer Viertelstunde war er wie alle andern in dieser Bar, nichts in ihm, was ihn auszeichnete, was ihn wie eine Auszeichnung vor allen andern verwirrte, und als er gezahlt hatte, ging er nicht mehr auf Fußspitzen, und es wunderte ihn nicht mehr, daß es Dienstag war, Dienstag der soundsovielte" (108). Das Rätselhafte des Jetzt der Nacht aber bleibt und bestimmt noch die Zeiterfahrung des neuen Tages. „Warum ist immer heute?" fragt Enderlin. Im Zuge der weiteren Ausbreitung der Geschichte verschwindet auch dieses Rätselhafte. Die Zeit der Uhren hebt die Zeit des nächtlichen Jetzt völlig auf, so daß es auf eine wiederum merkwürdig doppeldeutige Weise zum „Immer" wird (210). Auch der erfüllte Augenblick anthropologischer Zeit ist ja ein Immer. Das „Immer", in das die Enderlin-Geschichte ausläuft, ist aber das Immer der Wiederholung, in dem die Gegenwart als Gegenwärtigkeit keinen Raum mehr hat. „Man kann nicht alle Jahre staunen" (211) heißt es resignierend. So endet denn auch die Geschichte der Zeiterfahrung Enderlins und Lilas in der Umkehrung der einst gewünschten Zukunft als Ungewisses aus Hoffnung und Angst, indem sie die Herrschaft der Zeit der Uhren bestätigt: „Vergangenheit ist kein Geheimnis mehr, die Gegenwart ist dünn, weil sie abgetragen wird von Tag zu Tag, und die Zukunft heißt Altern. . ." (ebd.).

Mit der die Rätselhaftigkeit des nächtlichen Zeiterlebnisses intonierenden Frage „Warum ist immer heute?" greift Enderlin auf eine Zeiterfahrung Gantenbeins zurück: „Die Uhren zeigen immer jetzt" (64). Das „heute"

Enderlins und das „jetzt" Gantenbeins kommen in der Umkehrung des in der Nacht mit Lila gewollten Jetzt überein. Denn Gantenbeins „jetzt" und Enderlins „heute" meinen nicht den die physikalischen Zeiterfahrung aufhebenden Augenblick, sondern jenen sich immer wiederholenden Punkt auf der Linie des Ablaufs der meßbaren Zeit, der als Zusammenfall von Vergangenheit und Zukunft die Gegenwart „dünn" werden läßt und die Gegenwärtigkeit ausklammert. Von der Zeiterfahrung der Uhr, in die die Enderlin-Geschichte mündet, ist die Gantenbein-Geschichte von vornherein bestimmt.

Denn Gantenbeins blinde Seherposition hat für Lila das „Ungewisse aus Hoffnung und Angst" ausgeklammert. Die Zukunft Lilas wird von Gantenbeins Uhr bestimmt. Symptomatisch für sein Zeitverständnis ist die durchaus Enderlins Wartezeit in der Bar vergleichbare Situation der Erwartung Lilas auf dem Flugplatz (480ff.). Während Enderlin durch Geschichtenerzählen und durch die historische Reminizenz seiner persönlichen Geschichte Zeit vergegenwärtigt, vollzieht sich Gantenbeins Warten durchgängig im Lichte des physikalischen Zeitverständnisses. In diesem Lichte erscheint das Warten als Last, da es das sekunden- und minutenweise Abrinnen als einzige Vergegenwärtigung der Zeit kennt. „Patsch", der Hund dagegen, „hat es leichter mit dem Warten; er wartet nicht, er ist ein Hund mit gespitzten Ohren, schnuppert umher, Gegenwart von der Schnauze bis zum Schwanz, ein Hund ohne Zeit ... Ein Hund hat's gut". Gantenbein aber hats nicht gut, denn er ist weder ohne Zeit, noch gibt es für ihn eine andere als die Möglichkeit physikalischen Zeiterlebens. In der Wartesituation des Flugplatzes ist dieses bestimmt von der Langeweile einerseits und von dem Bewußtsein der Wiederholbarkeit andererseits. Dabei wird auch hier das Thema durchaus mehrdeutig intoniert. Daß es „Zeit für die Blindenbrille" wird heißt ja, daß es Zeit wird für die Verstellung. Es heißt aber auch, daß nun wieder die Zeit der Blindenbrille beginnt, die Zeit der Sonnenfinsternis und Dämmerung, jedenfalls nicht die Zeit Jerusalems und des Lichtes. Und dies ist eine Zeit, in der die Repetition — „man könnte meinen, das komme jeden Tag vor, einmal in der Woche mindestens, Gantenbein am Flugplatz" — als Signum physikalischer Zeit so Platz greift, daß sie sogar die Erinnerung — Signum anthropologischer Zeit — in sich aufgehen läßt. Denn als Gantenbein die Meldung „Verspätung wegen Nebel in Hamburg" hört, weiß er nicht: „War's heute, diese Meldung wegen Nebel, oder war's das letzte Mal? Und er muß sich am information-desk erkundigen, ob die Lautsprecher, die ohrenbetäubenden, die er eben gehört hat, wirklich oder nur die Lauptsprecher seiner Erinnerung gewesen sind — was für das Warten eigentlich keinen Unterschied macht". In seinem Warten gibt es nicht mehr den Unterschied der beiden möglichen Zeiterfahrungen, der sich als Erinnerung auf der einen und als Wiederholung auf der anderen Seite ausspricht. Die Perversion der anthropologischen Zeit durch die physikalische ist perfekt. Die Erinnerung ist in der Wiederholung als Repetition aufgegangen. So bleibt denn für die Beschreibung seiner Zeiterfahrung ein Bild, das nur auf den Charakter der gleichmäßigen Einteilung des zeitlichen Ablaufs abhebt und somit einzig noch den Bereich physikalischer Zeiterfahrung absteckt: „Was ist die Zeit? Ein Muster im Bodenbelag". Und es bedürfte, um seine Zeit zu verdeutlichen, kaum mehr der ausdrücklichen Identifizierung Gantenbeins mit der Uhr. Aber Gantenbein „wandelt, langsam Schritt vor Schritt, langsam hin, langsam her, langsam wie die Uhrzeiger . . . zeitlebens". Mit der endgültigen Feststellung dieser Identität ist denn zugleich auch der Höhepunkt und das Ende der Gantenbein-Lila-Beziehung erreicht. Es folgt konsequenterweise die Erkenntnis Gantenbeins über die Nichtigkeit seiner bisherigen auf den Verdacht des Betrugs gegründeten Existenz. Denn „kein Herr hilft am Zoll — Wozu jetzt noch die Blindenehe?" (482). Das Ende ist „kurz, unverhältnismäßig" (485).

Auch im Hinblick auf die Zeiterfahrung gibt es im *Gantenbein* die Gegengeschichte. Es handelt sich dabei um eine jener zurückweisenden Varianten des zweiten Teils, in denen verschiedene Existenzmöglichkeiten für Lila probeweise vorgestellt werden. Es ist die Variante „Lila als Contessa" (326ff.). Schon der Eingang der Geschichte provoziert auf eigenartige Weise das für Gantenbein dominante Zeitverständnis, wenn es von Lila heißt, sie sei „eine Contessa, seit *Jahrhunderten* nicht gewöhnt, daß man sie anschreit". Damit ist schon angesprochen, wofür die Geschichte als Beispielfall steht: Für Lila als Contessa gilt kein überkommenes Zeitverständnis. Am Zeitverständnis entfaltet sich denn auch der Gegensatz der beiden Hauptfiguren. Hinzu kommen einige auffällige, den Gegensatz unterstreichende Charakterisierungen, so wenn Lila „wirklich eine Contessa" genannt wird, von Gantenbein hingegen festgestellt wird: „er ist kein Conte, aber er benimmt sich wie einer". Auf der Ebene des Conte-Spiels spiegelt sich noch einmal Gantenbeins grundsätzlich paradoxe Existenzweise wider. Denn auch kein Blinder ist er, aber er benimmt sich wie einer. Gantenbein ist auch in dieser Geschichte derselbe geblieben, wie ein Notabene-Zusatz ausdrücklich vermerkt. Lila aber ist ihm kontrastiert wie selten im Roman. Die in diesem Spiel mit der Geduld eines Blinden auf der einen und im Schweigen der nicht anwesenden Contessa auf der anderen Seite ausgetragene Auseinandersetzung mündet zwar in eine ergebnislose Befragung um den vermeintlichen Betrug, entzündet sich aber und trägt sich aus an dem nicht zu vereinbarenden Verhältnis der beiden Kontrahenten zur Zeit. Denn Lilas Abwesenheit macht nur deutlich, daß in ihrer Welt die Zeit Gantenbeins nicht gilt. Seine Frage zu Anfang, „ob sie den Gong nicht gehört habe," stellt schon den Kontrast her. Denn im Zuge der Entfaltung der Geschichte wird Gantenbein immer wieder auf die Uhren verweisen müssen. Lila aber wird ihn nicht hören können, nicht nur, weil sie nicht anwesend ist. Denn ihre Abwesenheit ist nur die Konsequenz ihres widersprüchlichen Verhältnisses zu Gantenbeins Zeit des Gongs und der Uhren. So muß Gantenbein denn auch, auf sie wartend, feststellen: „sie hat eine andere Zeit, und darum hilft es nichts, daß ich auf die Uhr blicke; Uhren kränken sie, Uhren tun immer, als gäbe es eine einzige Zeit, eine sozusagen allgemeine Zeit". Allenthalben ist in dieser Geschichte von den Uhren die Rede. Lila aber ist nicht in dieser Welt. Auf andere Weise allerdings als Enderlin versucht sie ihr zu entfliehen: „wahrscheinlich hat sie gestern wieder ihr Rauschgift genommen". Auch diese Geschichte des Verhältnisses von Lila und Gantenbein „geht nicht", denn Gantenbein ist „derselbe" geblieben, vornehmlich in seinem Zeitentwurf, dem sich Lila hier nur im Rausch und im Schlaf zu entziehen weiß.[10]

Das die Gantenbein-Existenz bestimmende chronologische Zeitverständnis scheint allerdings in der leitmotivartigen Verwendung des „Elfuhrgeläutes" unterbrochen zu sein. Wird es doch immer dort eingesetzt, wo die Gantenbein-Situation zu einer Entscheidungssituation wird. Elf Uhr ist es, als Gantenbein im Gesundheitsamt wartet, um sich den Blindenausweis ausstellen zu lassen (63). Elf Uhr schlägt es, als Gantenbein das nach Zufall aussehende Blumenarrangement für Lila fertiggestellt hat. Zur Verdeutlichung fügt Max Frisch hinzu: „ein letzter Blick ohne Brille" (168). Auch die den Roman beschließende Geschichte der beinahe „ohne Geschichte" abschwimmenden Leiche begleitet das Elfuhrgeläute, nicht ohne den bezeichnenden Zusatz „inzwischen war das Elfuhrgeläute verklungen, und es mußte endlich etwas geschehen" (489). Trotz der

---

[10] Vgl. Marchand, S. 527.

begleitenden Hinweise, die jeweils anzeigen, daß es sich um eine Entscheidungssituation handelt — „Ob es nicht vorteilhafter wäre, fragt sich Gantenbein noch manchmal, taub zu sein statt blind; aber jetzt ist es zu spät dafür ... Das Elfuhrgeläute ist verstummt" (63); „ein letzter Blick ohne Brille"; „es mußte endlich etwas geschehen" —, bleibt das Leitmotiv leer, wenn man nicht jene in das erste Tagebuch eingetragene persönliche Erfahrung Max Frischs als Interpretativ hinzunimmt, die das Elfuhrgeläute mit dem im Roman auch leitmotivisch verwendeten Herbsttag verbindet. „Die Morgen, wenn ich mit dem Rad an die Arbeit fahre, sind kalt und feucht, das Laub klebt auf den Straßen ... Meistens um elf Uhr, wenn auch die Glocken läuten, entscheidet es sich. Noch findet man keinen Schatten, der die Sonne verrät; aber man spürt sie; es blinken die Zifferblätter an den Münstern. Der Nebel, wenn man gegen den Himmel schaut, flimmert wie bronzener Staub; plötzlich gibt es nur noch die Bläue; plötzlich ein Streifen zager Sonne, der über das Reißbrett fällt — Noch einmal ist alles da: der Most und die Wespen, die in der Flasche brummen, die Schatten im Kies, die goldene Stille der Vergängnis... es ist, als nehme alles Abschied von sich selbst."[11] In der Tat nimmt das Buch-Ich in den durch das Elfuhrgeläute markierten Situationen Abschied von sich selbst, indem es als Gantenbein seine Blindenrolle übernimmt. So sehr es die physikalische Zeiterfahrung zu betonten scheint, markiert das Elfuhrgeläute doch eine mögliche Wende im Ablauf der Zeit. Aber Gantenbein entscheidet sich gegen diese Zeitenwende, indem er sich für die Blindenbrille entscheidet.

Zwischen Blindenrolle und physikalischer Zeiterfahrung wird im *Gantenbein* ein korrelatives Wechselverhältnis erstellt und damit den im Roman gesetzten Widersprüchen ein weiterer hinzugefügt. Denn das Blindsein könnte gerade in bezug auf die Zeiterfahrung den positiven Effekt haben, der Zeit der Uhren zu entheben. Diese Möglichkeit ist aber Gantenbein verschlossen, weil er sein Blindsein nur vorgibt. So muß er denn immer wieder die Augen öffnen, um sich seines Zeitverständnisses zu vergewissern. Erklärend heißt es: „Die Netzhaut ist ein Schutz vor der Ahnung, die fast jedes Geräusch in uns auslöst, und vor der Zeit; man sieht, was die Uhr drüben am Sankt Peter zeigt, und die Uhren zeigen immer jetzt. Ein Schutz vor der Erinnerung und ihren Schlünden. Gantenbein ist froh, daß er nicht wirklich blind ist" (64). Ahnung und Erinnerung,

[11] Tagebuch 1946–1949, S. 141 f.

jene beiden Komponenten anthropologischer Zeit, weist die Gantenbein-Existenz von sich.

Damit erfüllt sich in ihr eine Zeiterfahrung, die der Walter Fabers vergleichbar ist. Hanna charakterisiert sie mit dem Wort: „Du behandelst das Leben nicht als Gestalt, sondern als bloße Addition, daher kein Verhältnis zur Zeit, weil kein Verhältnis zum Tod"[12]. Auch für Walter Faber ist nur die meßbare Zeit gültig, die Zeit der Repetition. Fabers Mißverhältnis zur Zeit läßt Max Frisch durch Hanna mit seinem Mißverhältnis zum Tod begründen. Gantenbeins Verhältnis zum Tod wird durch sein Verhältnis zur Zeit bestimmt sein.

Deutlicher spricht sich Max Frisch im ersten Tagebuch aus. In zwei weit auseinanderliegenden Bemerkungen zur Zeit trifft er genau jene Unterscheidung, die oben als der Gegensatz von physikalischer und anthropologischer Zeit gekennzeichnet wurde. Dabei nimmt er zusätzlich eine doppelte Unterscheidung vor, die sich — was die physikalische Zeit angeht — auf das Verhältnis des objektiv Meßbaren und des subjektiv Erfahrbaren bezieht. Die Zeit der Uhren erfahren wir demnach als „Vergängnis", als Sterben. Denn das Vergehende ist als Vergangenes für uns gestorben. „Vielleicht müßte man unterscheiden zwischen Zeit und Vergängnis: die Zeit, was die Uhren zeigen, und Vergängnis als unser Erlebnis davon, daß unserem Dasein stets ein anderes gegenübersteht, ein Nichtsein, das wir als Tod bezeichnen ... wir leben und sterben jeden Augenblick, beides zugleich, nur daß das Leben geringer ist als das andere, seltener, und da wir nur leben können, indem wir zugleich sterben, verbrauchen wir es, wie eine Sonne ihre Glut verbraucht; wir spüren dieses immerwährende Gefälle zum Nichtsein, und darum denken wir an Tod, wo immer wir ein Gefälle sehen, das uns zum Vergleich wird für das Unvorstellbare, irgendein sichtbares Gefälle von Zeit: ein Ziehen der Wolken, ein fallendes Laub ..." Von hierher erklärt sich die im *Gantenbein* auftretende mehrschichtige Affinität von physikalischer Zeiterfahrung, Herbsttag und Todesverfallenheit. Aus dieser Tagebuchstelle erklärt sich auch noch einmal die Bedeutung des mit der Adam-Situation auf der einen und der Jerusalem-Möglichkeit auf der anderen Seite angesprochenen heilsgeschichtlichen Kontextes. Was im Roman als Bild erscheint, ist im Tagebuch Reflexion. Denn hier fällt das den Gantenbein interpretierende Stichwort „Gnade". Angesichts des Vergängnisses der Zeit gibt es kein Dasein, das nicht

---

[12] Homo faber, S. 241; vgl. Geulen, Homo faber, S. 59 ff.

auf dem Grunde des Nichtseins angesiedelt wäre, kein Leben ohne Angst vor dem „andern", dem Tod. Leben erfahren heißt unter diesem Gesichtspunkt: „mit jedem Atemzug" wissen, „daß alles, was ist, eine Ganade ist". Hinsichtlich der anthropologischen Zeit zielt die von Max Frisch getroffene Unterscheidung auf das Gegenspiel von Vergangenheit und Zukunft im Miteinander von Erinnerung und Erwartung. Und er hebt genau auf jenen Punkt anthropologischer Zeiterfahrung ab, der in der Erkenntnis der Unmöglichkeit, die Gegenwart als Schnittpunkt von Vergangenheit und Zukunft zu erfahren, sich ausspricht. Erlebbar ist die Gegenwärtigkeit von Vergangenheit und Zukunft als Erinnerung und Ahnung: „Was wir erleben können: Erwartung oder Erinnerung. Ihr Schnittpunkt, die Gegenwart, ist als solche kaum erlebbar". Und wie, um die Gantenbein-Situation im Voraus als gegen die anthropologische Zeiterfahrung konzipierte zu deuten, fügt er hinzu: „Das weitaus meiste, was Menschen erleben, liegt wohl im Bereich der Ahnung; schon der andere Bereich der Erlebbarkeit, die Erinnerung ist viel kleiner. Wäre es nicht so, gäbe es überhaupt keine Dichter, nur Reporter..."[13]. Vor der Folie der beiden konträren Zeitverständnisse unterscheidet Max Frisch „erleben" und „dabei sein". Erleben ist ungleich intensiver als dabei sein, da dieses nur der Gegenwart angehört, jenes aber in der Gegenwärtigkeit des Erinnerns und Ahnens Vergangenheit und Zukunft im Augenblick versammelt. Das Ausklammern des „Erlebens" macht Gantenbein zu einer Art „Reporter" des Zukünftigen, wenn er den Zufall arrangiert, die Ahnung kalkuliert. In seinem Entwurf des Lebensraumes für Lila verweigert er sich der „Gnade" der Zeit. Denn für Lila gibt es bei ihm nicht das Ungewisse aus Hoffnung und Angst. Für ihn selbst aber — und damit für die Konzeption des Romans — wird das Erlebbare chronologischer Zeiterfahrung dominant: Zeit als „Vergängnis" in der Wiederholung.[14]

---

[13] Tagebuch 1946–1949, S. 178 f. und 419 ff. Vgl. Kieser, Max Frisch, S. 28 ff.

[14] Vgl. Max Frisch, Ich schreibe für Leser, S. 18: „Die Zeit wird ja nicht geleugnet, sie ist sogar das eigentliche Medium, in dem erlebt wird. Aber Zeit nicht als chronologische Ordnung, sondern als Vergänglichkeit. Ohne Zeit gäbe es keine Wiederholung. Und das Buch beginnt ja auch mit einem Tod."
Schon in Max Frischs frühem Roman Die Schwierigen findet sich die Formel von der „Zeit, wie die Uhren sie zeigen", deren Erlebnis nur als „glühender Blitz der Vergängnis" möglich ist, „und am Rande des Blitzes — eine Weile noch leuchten die Gärten der Erinnerung". Auch hier schon stellt sich die Frage nach der Wiederholung, auch hier bleibt sie im Enderlinschen Sinne Repetition: „Es gibt keinen Anfang, kein Ende. Alles wiederholt sich, nichts kehrt uns wieder" (Die Schwierigen oder J'adore ce qui me brûle, 1942, Neuausgabe Zürich

Auch für Enderlin wird das Jetzt zum Immer (210). Auch er lebt in der Zeit der Wiederholung. Diese Zeiterfahrung bestimmt schon die Adam-Situation der Exposition, die die Identität von Blindenrolle und physikalischer Zeit auf ihre, d.h. zeichenhafte Weise präludiert. Denn dem nackten Flüchtling bleiben die Utensilien „Brille" und „Armbanduhr" (21). Wenn die Beobachtung zutrifft, daß die Gantenbein- wie die Enderlin-Geschichte das physikalische Zeitverständnis bestimmt, wenn zudem das Tagebuch, das dieses Zeitverständnis mit der Todesverfallenheit verbindet, als interpretierendes Korrelat hinzuzuziehen ist, so ergibt sich für die Analyse des Romans die Verbindung von physikalischer Zeiterfahrung und Todessituation. Freilich findet sich im Roman keine Lösung. Er stellt nur das Problem dar. Enderlin entzieht sich dem Problem, wenn er in Resignation die Übernahme des Alterns wählt. Deshalb kann er aufgegeben werden. In seiner resignativen Haltung ist er im Sinne des Romans keine problematische Figur mehr. Enderlin hat sich mit dem Tode abgefunden. So weiß er denn das ihm in die Hand gegebene Lebenssymbol nicht mehr zu deuten. In Enderlins Hand verliert der Pinienzapfen auf dem Grabhügel an der via appia antica seine Aussage. „Es gibt einfach kein Ziel für unsern harzigen Pinienzapfen... Heute habe ich den Harzzapfen, der immer noch in meinem Wagen gelegen hat, weggeworfen" (213f.). In seiner Begegnung mit Lila aber, in der das Jetzt anthropologischer Zeit als Möglichkeit der Überwindung der todesverhafteten Gantenbein-Existenz aufleuchtete, war er Gegenspieler Gantenbeins. Auch seine Zeit endet in der Wiederholung, in der Welt seines Gegenspielers, in der Zeit „Pompejis", die nicht Zeit, sondern Stillstand der Zeit, Zeit ohne Zeit ist. Mit dem Stichwort „Pompeji", das die Zeiterfahrung in der verlassenen Wohnung erläutert (25ff.), wird ein dritter Aspekt des gleichen Zeitverständnisses angesprochen. Das die Zeit überwindende Immer Pompejis ist das Immer der mumifizierten Zeit, das Immer der Zeitlosigkeit — „alles noch vorhanden, bloß die Zeit ist weg".

In dreifacher Bedeutung wird das „Jetzt" im *Gantenbein* verwendet. Einmal ist es als Jetzt der nächtlichen Begegnung Enderlins und Lilas

---

und Freiburg 1957, S. 296 f.). Auch in *Bin oder die Reise nach Peking* trennt der Erzähler den „Ort im Kalender" vom „Ort in unserem Herzen", um die nach Stunden erfaßte Zeit „eine ordnende Täuschung des Verstandes" zu nennen, „ein zwanghaftes Bild, dem durchaus keine seelische Wirklichkeit entspricht" (Bin oder die Reise nach Peking (= Bibliothek Suhrkamp 8), S. 36 f.).

das Jetzt des erfüllten Augenblicks, zum andern als Jetzt der Uhren der Gegenwartspunkt ohne Gegenwärtigkeit im unaufhaltsamen Ablauf der Zeit, schließlich als Jetzt Pompejis das Jetzt des Todes. Enderlins Jetzt bleibt im Roman unerfüllte Hoffnung; Gantenbeins Jetzt dominiert und mündet in das Jetzt Pompejis.

Es bleibt eine durch das zweite Tagebuch aufgegebene Frage zu klären. Wenn es sich mit dem *Gantenbein* um einen Roman handelt, der das korrelative Verhältnis von physikalischer Zeiterfahrung und Todesverfallenheit als Problem vorstellt, andererseits sein Erzählprinzip das der Varianten ist, so scheint die Bemerkung des Tagebuchs: „Der einzige Vorfall, der keine Variante mehr zuläßt, ist der Tod"[15], in ein Dilemma zu führen. Wie kann sich unter dem Gesichtspunkt einer solchen Aussage die Thematisierung des Todes im Gantenbein durch das Prinzip der Varianten verwirklichen? Das Dilemma klärt sich, wenn wir die Absicht, um deretwillen der Erzähler das Prinzip der Varianten durchsetzt, bedenken. Diese verwirklicht sich nämlich auf der Ebene des Erzähltechnischen unter dem Gesichtspunkt des „Offen-Artistischen". Das „Offen-Artistische" dient der durch die Verfremdung auffällig gemachten Präsentation eines Problems. Die Varianten sind deshalb keine das Thema ändernden Varianten. Sie haben die Absicht, das eindeutige Thema auf vieldeutige Weise als Problem sichtbar zu machen. In bezug auf das Problem ändern die Varianten nichts. Gerade im zweiten Teil des Romans zeigen sie deutlich die Unveränderbarkeit der Todessituation. „Gantenbein bleibt derselbe" (326). Immer laufen sie auf dasselbe hinaus. Die Todeserfahrung läßt keine Variante zu, wohl die Präsentation des Problems. So bestätigen die Varianten des zweiten Teils die Aussage des Tagebuchs. Als Varianten stehen sie im Dienste des „offen-artistischen" Erzählverfahrens dieses Romans.

Als Problem ist die Todeserfahrung in der Zeit auszumachen. Ali-Geschichte, Enderlins Jetzt und Jerusalem stehen als kontrastive Möglichkeiten der Gantenbein-Situation gegenüber. Noch einmal ist auf diese Situation der „Sonnenfinsternis" zu verweisen. Ist doch auch der Ort des Todes finster, der Ort des Lebens aber hell, da ihm „eine besondere Sonne purpurnes Licht"[16] spendet. Gantenbeins „Dämmerung" und Jerusalems „Sonne" signalisieren den Gegensatz. Hades und Elysium heißen

---

[15] Tagebuch 1966–1971, S. 87.
[16] Roscher, VI, Sp. 63.

in diesem Roman Gantenbein und Jerusalem. Und Gantenbein wie Enderlin begleiten auf ihrem Weg durch den Roman Führer in das Totenreich. „Lemuren", die Geister unerlöster Verstorbener, umstellen Gantenbeins ersten Ausgang mit der Blindenbrille (43). Enderlins Versuch, nach der Nacht mit Lila noch einmal der Welt und ihrer Zeit zu entgehen, ist „umgurrt von weißen und grauen Tauben" (111). Als Gantenbein als Zeuge vor Gericht erscheinen muß, ist wieder einmal das Elfuhrgeläute verstummt, aber „das Gurren der Tauben, ihr behagliches Gurren, ihr blödes Gurren" (422) begleitet ihn. Auch die Taube ist Seelenvogel. Mythischen Vorstellungen zufolge erscheinen die Geister Verstorbener als weiße Tauben.[17] Enderlins Weg ins Museum, um der Welt und mit ihr der Zeit zu entfliehen — „allein und jenseits der Zeit wollte er sein" (110) — endet bei Hermes, dem Führer ins Totenreich.

---

[17] Zugleich ist die Taube Lebenssymbol — vor allem in christlicher Ikonographie — und dokumentiert in ihrer Doppeldeutigkeit auf zeichenhafte Weise noch einmal den Ambivalenzcharakter des im Roman gestellten Problems. Vgl. Bächtold-Stäubli, VIII, Sp. 693 ff.; Schiller, Ikonographie, Bd. 3, S. 182.

VI. „Ein geheimes Kierkegaard-Thema"

In seiner Rezension des *Gantenbein* spricht Hans Mayer von dem „geheimen Kierkegaard-Thema" des Romans, das mit der Frage zu tun habe, „ob Leben als eine rein ästhetische Existenz möglich sei"[1]. Er bezieht sich damit auf die von Kierkegaard in *Entweder/Oder* getroffene Unterscheidung von ästhetischer und ethischer Existenzweise. Der Bezug liegt nahe, weil Max Frisch schon dem ersten Teil des *Stiller* ein Motto aus diesem ersten bedeutenden Werk Kierkegaards voranstellt.[2] Für Hans Mayer ist Gantenbein ein Exponent jener ästhetischen Lebensweise, für die bei Kierkegaard die Don-Juan-Figur beispielhaft steht. Die Begründung allerdings bleibt äußerlich, leitet sie sich doch lediglich von der Beobachtung ab, daß die Varianten des Erzählers für sein Erlebnis „mit einer arbeitslosen, rein genießenden, sogar parasitären Existenz zu tun" haben. Daß Gantenbein sich von Lila „aushalten" läßt, gilt als Symptom für eine „Romanwelt... des wohlhabenden Alltags, der permanenten Konsumtion". In einer der finanziellen Sorgen enthobenen Daseinserfahrung kann sich das Spielerische des ästhetischen Kalküls der Figuren verwirklichen. Diese Reduzierung der ästhetischen Existenz auf die materiellen Komponenten ist nicht nur angesichts der Kierkegaardschen Entweder-Oder-Antithese fragwürdig. Sie ist es auch in bezug auf den *Gantenbein*. Verkennt sie doch den Stellenwert, den Max Frisch der Bemerkung Gantenbeins „Ich lasse mich von Lila aushalten" (135) im Roman gibt. Denn einmal läßt sich Gantenbein von Lila aushalten um der Perfektibilität seiner Blindenrolle willen, zum andern, „um ihr das Gefühl der Selbständigkeit nicht zu nehmen" (138). Denn Lilas Gefühl der Selbständigkeit erst ermöglicht ihm sein Blindenspiel des Erkennenwollens am „Beispiel" der Eifersucht.

---

[1] Hans Mayer, S. 212. Haberkamm, S. 374, erkennt die Ähnlichkeit Kierkegaards und Max Frischs in den Problemstellungen, „ die sich aus der spaltungsbedrohten Identität ergeben".

[2] Max Frisch benutzt die Übersetzung von Christoph Schrempf und Wolfgang Pfleiderer. Ich zitiere deshalb nach dieser Ausgabe: Entweder/Oder II, Jena 1913 (Sören Kierkegaard, Gesammelte Werke 2), S. 184 f.

Und Gantenbeins kleine Mogeleien, wenn er die „Hundesteuer und gelegentliche Bußen, die sie verdrießen würden, Ölwechsel und Schmieren, Briefmarken, Gebühren, Bettler, Gepäckträger" vom eigenen Bankkonto, von dem Lila nichts weiß, bezahlt, ändern nichts am Grundsätzlichen, daß Lila ihn „ernährt und kleidet" (139). Die materielle Komponente ist nicht Symptom einer ästhetischen Existenz, sondern ein im Romanzusammenhang funktionell verankertes Strukturelement.

Dennoch kann Gantenbein — zumindest wenn man den Maßstab des Ethikers aus *Entweder/Oder* anlegt — als Verkörperung einer ästhetischen Existenzweise gelten, freilich in einem andern Sinne, als der Hinweis von Hans Mayer vermuten läßt. Denn nicht die Freiheit von materiellem Zwang bestimmt Gantenbeins Dasein als das eines Ästhetikers im Sinne Kierkegaards, sondern seine Beziehung zu Lila. Hierin ist er mit dem Johannes aus *Entweder/Oder* vergleichbar. Auch die Cordelia Kierkegaards ist in einer Weise von ihrem Geliebten abhängig, die ihr keine Möglichkeit eigener Selbstverwirklichung läßt, wenngleich der Schein das Gegenteil behauptet. Johannes hat jede mögliche Situation ihres Verhältnisses kalkuliert, Cordelia ist ihm „der interessanteste Gegenstand". Seine Charakterisierung der verschiedenen Stationen des Verhältnisses ist denn auch so kennzeichnend, daß sie ohne weiteres auf die Gantenbein-Figur übertragen werden könnte. „Die Zeit, die Cordelia mich kostet, reut mich nicht, obwohl sie mich ziemlich viel kostet, da jede Begegnung sorgfältig vorbereitet sein will. Ich durchlebe mit ihr das Werden ihrer Liebe. Doch bin ich selbst eigentlich unsichtbar, auch wenn ich neben ihr sitze. Es ist, als ob ein Tanz der eigentlich von zweien getanzt werden sollte, nur von einem getanzt wird. Und doch ist — unsichtbar — der zweite Tänzer da. Sie bewegt sich wie im Traum, und doch tanzt sie mit einem andern; und dieser andere bin ich: unsichtbar wenn ich sichtbar, sichtbar wenn ich unsichtbar bin."[3]

Die Anlayse des Romans hat zeigen können, daß Gantenbein nur in Abhängigkeit von der Beziehung zu Lila existiert, wie umgekehrt Lila nur in Abhängigkeit von der Beziehung zu Gantenbein. Die Konstituante der beiden Existenzweisen ist nicht die Eigenständigkeit der Figur, sondern die korrelative Beziehung zweier voneinander abhängiger Daseinsformen. Wie Gantenbeins Dasein sich als Maskenspiel und in der Verkleidung verwirklicht, ist Lila in ihren verschiedenen Existenzmöglichkeiten immer

---

[3] Entweder/Oder I, Jena 1911 (Gesammelte Werke I), S. 358, 340.

nur Projektion dieses Spiels. Dabei bleibt Gantenbein der undurchschaubare Wissende, der aber doch angewiesen ist auf die Bestätigung seiner Existenz durch eine „Lila von außen". Die Feststellung, daß es für ihn „Lila von außen" nicht gibt, ist zugleich die Feststellung des Endes seines Daseins im Roman. Nur in seiner Blindenrolle ist er Gantenbein, nur in ihr hat Lila Raum. Genau dieses Abhängigkeitsverhältnis kennzeichnet der Ethiker aus *Entweder/Oder* als ästhetische Position, wenn er seinem Kontrahenden vorwirft, das Leben nur als „Maskerade" sehen zu können. „... und du spielst auf der Maskerade des Lebens zu deinem unendlichen Spaß deine Rolle mit solcher Virtuosität, daß es noch niemand geglückt ist, dich zu entlarven: offenbarst du dich, so ist das nur ein neuer Betrug. Freilich ist das nicht bloß ein Spaß für dich. Nur unter der Maske kannst du atmen. Daß dir der wirkliche Mensch wirklich nahekommt, benimmt dir den Atem. Es zwingt dich also auch die Not, die Maske festzuhalten. Und das glückt dir in der Tat vortrefflich. Denn deine Maske ist die geheimnisvollste von allen. Du bist selbst nichts, du bist nur ein Verhältnis zu andern, bist, was du bist, nur durch dein Verhältnis zu andern."[4]

Schon die eingangs des zweiten Teils von *Entweder/Oder* gegebene Charakterisierung des Ästhetikers als eines „Beobachters" läßt sich so leicht auf Gantenbeins Stellung in seiner Beziehung zu Lila und seine Umwelt übertragen, daß eine Identifizierung seiner Situation mit der Position des Ästhetikers naheliegt. Kommt doch hinzu, daß diese Charakterisierung von der Erkenntnis einer in der ästhetischen Haltung dominierenden negativen Einstellung zum Leben begleitet wird. Denn aus der Sicht des Ethikers verhindert der Standpunkt des Beobachters den Zugang zum Leben als Entscheidung für den andern. Verharrt doch dieser Standpunkt bei der Indifferenz einer Haltung, die das Subjekt als Gegenüber zum Objekt als Gegenstand degradiert. Leben in dem vom Ethiker vertretenen Sinne verwirklicht sich gerade nicht in der Indifferenz, sondern in der Entscheidung. Die Entscheidungsfähigkeit erst eröffnet die Möglichkeit für die Wahl des eigenen Selbst als Voraussetzung für die Annahme des anderen als Gegenüber. Dieser Voraussetzung entbehrt die Haltung des Ästhetikers. Und je mehr er das Leben im Maskenspiel zu erfahren sucht, desto mehr verstellt er sich den Zugang zu ihm. Da er in dieser Haltung nicht sich selbst wählen kann, sondern immer nur die gewählte Rolle reproduziert, kann auch der andere für ihn nicht in seinem Selbst

---

[4] Entweder/Oder II, S. 132 f.

anerkannt werden, sondern allenfalls als interessanter Gegenstand fungieren. Die Haltung des Beobachters ist in diesem Zusammenhang symptomatisch für die grundsätzliche Unmöglichkeit der ästhetischen Position, das Leben zu erfahren. Denn nicht die „unschuldige Neugier des erwachenden Bewußtseins" kennzeichnet den Ästhetiker als Beobachter, sondern eine wissende Neugier, die „mit photographischer Schärfe und Schnelligkeit" aufnimmt und bewahrt. So räumt ihm der Ethiker denn auch ein, „ein guter Beobachter" zu sein, um aber hinzuzufügen: „vielleicht ist das eben dein Fehler. Vor lauter Beobachten kommst du nicht zum Leben, kommst du nicht über Anläufe zum Leben hinaus".[5]

So überraschend die Übereinstimmungen von Kierkegaards Don Juan und Max Frischs blindem Seher im Hinblick auf die Existenzverwirklichung auch sind, es kann doch nur von einer partiellen Identität der beiden Positionen gesprochen werden. Denn nicht nur der „ironische Blick" des Zynikers Johannes fehlt Gantenbein. Es fehlt seiner Position vor allem das alle ästhetische Stadien bestimmende Verhältnis zur Unmittelbarkeit. Denn Gantenbeins Existenz beginnt genau an dem Punkt, wo nach Meinung des Ethikers die ästhetische Position an ihre kritische Grenze kommt, an dem Punkt nämlich, wo die Reflexion über den eigenen Zustand einzusetzen hat. Freilich läuft die ästhetische Position in jeder ihrer Modifikationen auf dieses kritische Stadium der Bewußtwerdung des eigenen Zustandes hinaus, auch und gerade wenn sie sich mit Beharrlichkeit der Bewußtwerdung verweigert, zeigt doch diese Verweigerung noch das Angewiesensein auf die Reflexion. In der Spannung dieser Angewiesenheit auf die Reflexion einerseits und der Behauptung der Unmittelbarkeit andererseits verwirklicht sich die ästhetische Position als uneigentliche Existenzweise. Denn sie kommt nicht zur Ruhe der Erkenntnis ihrer selbst, sie bleibt befangen im momentanen Erlebnis. Auf eine Figur übertragen, wird sich dies in immer neuen „Anläufen zum Leben", die den Weg zum Leben nicht erkennen lassen, zeigen. Die Spannung zwischen Reflexionsangewiesenheit und Unmittelbarkeit aber wird sich als Entfremdung austragen. So ist denn auch die ironische Zynikerhaltung des Johannes von dieser Entfremdung bestimmt. Denn als Zyniker verhält er sich immer noch unmittelbar zu seinem Dasein. Dies ist die Demonstration einer paradoxen Existenzweise. Verlangt doch der „ironische Blick" die Überwindung der Unmittelbarkeit. In Johannes' ironischer Haltung

---

[5] Entweder/Oder II, S. 6 f.

aber fehlt gerade das distanzierende Moment der Ironie. Seine Ironie ist ihm in einer Weise habituell, daß er dem momentanen Genuß dieser Haltung ständig erliegt. Das der Ironie zugehörende reflexive Moment in bezug auf die Beurteilung der Situation fällt bei ihm aus. Als Zyniker lebt er in der Unmittelbarkeit seiner ästhetischen Position.

Anders Gantenbein. Sein Verhältnis zu Lila ist von Anfang an durch die distanzierende Reflexion bestimmt — „mein Leben mit einer großen Schauspielerin, die ich liebe *und daher glauben lasse,* ich sei blind" (124). Auch die als „wesentliche Metapher" für den Roman bestimmte Ausgangssituation des blinden Sehers ist eine Position der Reflexion. Dient sie doch der Bewußtwerdung von Gantenbeins Existenz in seinem Verhältnis zum „Gegenüber" Lila am Beispiel der Eifersucht. Und die mit konstruierter Konsequenz durchgehaltene Gantenbeinrolle verhindert in jedem Augenblick, sein Verhältnis zu Lila als ein unmittelbares zu begreifen. Wenn der *Gantenbein* auch in diesem entscheidenden Punkt der ästhetischen Position von *Entweder/Oder* widerspricht, heißt dies doch nicht, daß die Affinität der beiden Figuren Johannes und Gantenbein nicht das Ihre für die Analyse des Romans beiträgt. Denn im *Gantenbein* potenziert sich geradezu das Problem ästhetischer Existenzweise, indem es als an der Hauptfigur des Romans sichtbar gemachtes Problem vorgestellt wird. Die das Paradox aller ästhetischen Stadien aufdeckende Beurteilung des Ethikers ist in die Darstellung der Figur eingetragen. An Gantenbein präsentiert sich die in der Don-Juan-Figur Kierkegaards latent anwesende Paradoxie der Existenz in offener Weise. Da Gantenbein Figur um dieser Demonstration willen ist, kann er nicht wie Johannes Zyniker sein, kann er aber auch nicht sein Verhältnis zu Lila unmittelbar verwirklichen. Denn beides liefe auf die Darstellung einer im Roman handelnden Person mit einer in sukzessiver Abfolge sich erfüllenden Geschichte hinaus und würde die gewollt offene Präsentation des Problems zu einer versteckten machen. Was sich bei Kierkegaard zum unversöhnlichen Gegensatz des Entweder/Oder spaltet — die Position des Ästhetikers auf der einen Seite und die Beurteilung dieser Situation auf der anderen Seite — stellt sich in Gantenbeins paradoxer Rollenexistenz als Figur dar. Freilich ist, um Mißverständnissen vorzubeugen, anzumerken, daß auch die positive Bewährung der ethischen Haltung gegenüber der ästhetischen, wie sie sich in der Figur der „Beamten" bei Kierkegaard ausspricht, im *Gantenbein* kein eigenständiges Pendant hat.

Die Potenzierung der oben skizzierten Paradoxie prägt schon die den Roman inaugurierende „wesentliche Metapher" des blinden Sehers. Es hatte sich gezeigt, daß Max Frisch in der Situation des Shakespearschen *Othello*, wenn er mit Bezug auf dieses Stück von der „wesentlichen Metapher" spricht und damit die Verknüpfung der Außenseiterstellung des Mohren mit dem Eifersuchtskomplex meint, eine Vorlage für Gantenbeins paradoxe Existenz gefunden hat. Die scharfsinnige Analyse des *Othello* im ersten Tagebuch aber ist nicht ohne Kierkegaards Einfluß zustande gekommen. Nicht in *Entweder/Oder*, aber in der die Problematik von *Entweder/Oder* wieder aufgreifenden, ja aufhebenden und überhöhenden Schrift *Stadien auf dem Lebensweg* findet sich im ersten Teil, dem Symposion der fünf Frauenverächter, zu denen neben Johannes, dem „Verführer", bezeichnenderweise die für Kierkegaard als Pseudonyme seiner Schriften *Entweder/Oder* und *Wiederholung* fungierenden Viktor Eremita und Constanin Constantius gehören, die für Max Frisch bedeutende und im Tagebuch aufgegriffene Beurteilung von Othellos tragischem Schicksal. „Daß Othello bei Shakespeare tragisch wirkt, kommt daher (ich sehe davon ab daß Desdemona unschuldig ist), daß er ein Schwarzer ist. Denn ein Schwarzer, der nicht wohl das Geistige repräsentieren kann, ein Schwarzer, der, wie ihr wohl wißt, liebe Trinkbrüder, grün im Gesicht wird wenn er zornig wird, ein Schwarzer kann als betrogener Ehemann wohl tragisch wirken; wie ja auch die Frau das ganze Pathos der Tragödie auf ihrer Seite hat wenn sie von einem Mann betrogen ist, weshalb, nebenbei gesagt, Elvira, mit einem Dolch bewaffnet, ihre Rachearien schmettert ohne sich lächerlich zu machen."[6] Ausgerechnet Constantin Constantius, der angebliche Verfasser der *Wiederholung*, führt hier das Wort. Wenn er auch die Außenseiterstellung Othellos — was die Parallelisierung mit der betrogenen Frau deutlich machen soll — mit dem dem Mohren zugeschriebenen Mangel an Geist begründet, bleibt der Hinweis im Hinblick auf die Tagebuchstelle deutlich genug. So zufällig er scheinen mag, legt er doch nahe, für die Frage des „geheimen Kierkegaard-Thema" des *Gantenbein* auch jene Schriften Kierkegaards zu berücksichtigen, die im Anschluß an *Entweder/Oder* schrittweise die Position aufbauen, deren Ergebnis in den *Stadien* greifbar wird.

Ausgangspunkt bleibt freilich die in *Entweder/Oder* getroffene Gegenüberstellung von ästhetischer und ethischer Lebensauffassung. Dies um

---

[6] Stadien auf dem Lebensweg, Jena 1914 (Gesammelte Werke 4), S. 43.

so mehr, als sich ja auch für die Enderlin-Figur in der Beurteilung der Don-Juan-Existenz durch den Ethiker bemerkenswerte Parallelen zur ästhetischen Position finden. Vor allem ist es die die Enderlin-Figur bestimmende Furcht vor der aus einer möglichen Wiederholung resultierenden Gewohnheit in seinem Verhältnis zu Lila. Die Gewohnheit der Wiederholung hat — was sich auch in seiner resignativen Übernahme des Alterns verdeutlicht — für Enderlin einen das einmalige Erlebnis profanierenden Charakter. Denn sie hebt das erste Erlebnis auf und trivialisiert das Einmalige im Wiederholbaren. Mit dieser Auffassung von der Gewohnheit wirft Kierkegaards „Beamter" seinem Don Juan eine „verkehrte Anschauungsweise" vor. Daß Johannes nicht zum Leben findet, ist auch Folge seiner verkehrten Auffassung von der Wiederholung. Denn wo er anfangen könnte zu leben, wo er die Wiederholung als positive Setzung verwirklichen könnte, entzieht er sich ihr. „Und warum kannst du, willst du nicht anfangen? Ich weiß, da taucht vor deinem Augen ein Gespenst auf, das dich schreckt: die Gewohnheit, die fürchterliche, die alles vernichtet oder was schlimmer ist, profaniert." Den „schönen Sinn" der Wiederholung weiß auch Enderlin nicht zu erfassen. Für ihn gilt, was der Beamte zu Johannes sagt: du kämpfst „für eine entschwundene Zeit, denn du kämpfst für den Moment gegen die Zeit".[7]

Aber ähnlich wie bei der Gantenbein-Figur sind auch bei Enderlin in diesem Vergleich Abstriche zu machen. Auch Enderlins Position deckt sich in einem entscheidenden Punkt nicht mit der des Ästhetikers aus *Entweder/Oder*. Denn Enderlins Resignation im Hinblick auf das Altern ist nicht identisch mit der „Schwermut" des Johannes, da diese erst in dem Moment eintritt, in dem die Reflexion, die über den ästhetischen Zustand hinausführen könnte, zugunsten der Reproduktion der ästhetischen Stadien zurückgedrängt wird. Des Johannes Schwermut ist zwar der angemessene Ausdruck seiner Situation der Befangenheit im Momentanen angesichts der kritischen Grenze, an der der Geist sich seiner selbst bewußt werden will, diese Bewußtwerdung aber durch den Rückfall in die ästhetische Haltung zunichte gemacht wird, sie ist aber doch eine unbekannte, weil unbewußte Größe im Leben des Ästhetikers. „Fragt man den Schwermütigen, was ihn so schwermütig mache, was so schwer auf ihm laste, so wird er antworten: das weiß ich nicht, das kann ich nicht sagen. Das macht den Schwermütigen immer so unendlich schwer-

---

[7] Entweder/Oder II, S. 118.

mütig. Seine Antwort ist übrigens ganz richtig; denn sobald er sich in seiner Schwermut versteht, ist sie gehoben..."[8] Demgegenüber ist Enderlins Resignation erst eine Folge des Bewußtseins über seinen Zustand. Das zur Resignation führende, von Enderlin genau erkannte und im Roman durch das Buch-Ich artikulierte Dilemma seiner Existenz spricht sich in der Weigerung aus, angesichts des Todes eine Rolle zu übernehmen. Seine Resignation ist — um in Kierkegaards Terminologie zu sprechen — deshalb auch keine „unglückliche". Sie ergibt sich aus der Übernahme einer in der kritischen Grenzerfahrung der Reflexion gewonnenen Einsicht. Wie sich in der Gantenbein-Figur die paradoxe Synthese aus der ästhetischen Position und deren Beurteilung durch den Ethiker in bezug auf das Verhältnis zur Frau darstellt, so verkörpert Enderlin die resignative Synthese der beiden Positionen in bezug auf die Annahme des eigenen Selbst.

Noch auf eine weitere entscheidende Differenz ist aufmerksam zu machen. Und sie verdient um so größere Beachtung, als sie zugleich die Nähe der Gedankenwelt des *Gantenbein* zu der Kierkegaards bestätigt, wie sie eine Identifizierung verhindert. Es handelt sich um jene der Hermes-Erfahrung Enderlins parallel geschaltete Erfahrung des nächtlichen Jetzt mit Lila. Dieses Jetzt trägt ja nur zu deutliche Anzeichen dessen, was im zweiten Teil von *Entweder/Oder* mit dem Terminus „das Erste" belegt wird. Immer aus der Sicht der Position B ist das Erste „die Verheißung des Zukünftigen, ist es das Vorwärtstreibende, der unendliche Impuls". Dies gilt allerdings nur für jene „glücklichen Individualitäten", die den ästhetischen Zustand überwunden haben. Für sie ist das Erste „nichts anderes als das Gegenwärtige, das Gegenwärtige, als das beständig sich entfaltende und verjüngende Erste". Zu ihnen aber gehört Johannes nicht. Für ihn ist das Erste immer nur Anlaß zu einem neuen „Anlauf zum Leben". Für ihn gilt, was für die „unglücklichen Individualitäten" gilt. Bei ihnen „tritt das Erste nicht als fortwirkende Kraft in das Individuum ein, sondern gibt ihm nur einen Stoß, der es forttreibt, immer weiter fort". In diese Perspektive rückt ja auch die Reminiszenz an den Mozartschen Don Giovanni Enderlins Begegnung mit Lila: „eine Nacht mit einer Frau, die eingehen wird in jene seltsame Zahl, die man niemals nennt. Mille e tre!" (104). Wenn gerade in dieser nächtlichen Begegnung sich die Möglichkeit des die Zeit aufhebenden und zugleich erfüllenden Jetzt

---

[8] Entweder/Oder II, S. 159.

eröffnet, wird im Lichte des Kierkegaardschen Interpretationshorizontes deutlich, daß der Enderlin-Figur in dem, „was nur einmal möglich ist", die Überwindung der ästhetischen Position angeboten wird. Und wie eine vorausschauende Berechnung der Furcht vor dem Rückfall in das Stadium „mille e tre" nach dessen vermeintlicher Überwindung, mutet Enderlins und Lilas Versprechen an, „keine Briefe zu schreiben, nie", verbunden mit dem dies Versprechen zugleich begründenden und besiegelnden Schwur: keine Zukunft, keine Wiederholung, keine Geschichte (111). Drückt sich doch in der Furcht vor der Wiederholung das Bewußtsein der mit jedem wiederholten Mal mehr und mehr schwindenden Bedeutung des ersten Erlebnisses aus. Auch für diese Furcht kann Kierkegaards Beamter den Kommentar liefern. „Die Sache steht nämlich so: je größer die Wahrscheinlichkeit ist, daß etwas wiederholt werden kann, desto geringere Bedeutung bekommt das Erste; und umgekehrt: je geringer die Wahrscheinlichkeit einer Wiederholung, desto größer wird die Bedeutung des Ersten; andererseits, je bedeutungsvoller das ist, was sich im Ersten zum ersten Mal ankündigt, desto geringer ist die Wahrscheinlichkeit, daß es sich wiederholen wird; und wenn es nun gar etwas Ewiges ist, so verschwindet die Wahrscheinlichkeit einer Wiederholung ganz."[9]

Vor dem Hintergrund dieser Erläuterung erscheint Enderlins Bestreben, der Wiederholung bewußt und kalkuliert zu entgehen, wie der nachträgliche Versuch, das Jetzt der nächtlichen Begegnung trotz der Befangenheit in der Zeit und im Bewußtsein dieser Befangenheit zu „etwas Ewigem" zu machen. Daß Enderlin in diesem Versuch der nachträglichen Qualifizierung seines Erlebnisses den Gedankengang Kierkegaards gewissermaßen auf den Kopf stellt, indem er das „kurz nach Mitternacht" im zeitlichen Ablauf lokalisierte Jetzt in ein ewiges Jetzt verwandeln will, verdeutlicht nur sein „verkehrtes" Verhältnis zur Zeit, freilich nicht im Sinne der „unglücklichen Individualitäten", denen sich der Horizont des Ewigen aufgrund ihrer ästhetischen Befangenheit nicht eröffnen kann. Denn diesen Zustand hat Enderlin in seiner Reflexionshaltung schon verlassen. Aber der Kierkegaardsche Gedanke spricht von einem Kausalnexus, in dem das Bewußtsein des Ewigen das Vorausgehende und das Schwinden der Wahrscheinlichkeit der Wiederholung das notwendig daraus Folgende ist. Enderlins Versuch hingegen gilt der Umkehr der

---

[9] Entweder/Oder II, S. 34.

Reihenfolge: Mit der kalkulierten Abwehr der Wiederholung soll das Jetzt der Begegnung mit Lila die Qualität des Ewigen bekommen.

Damit ist seine Existenz nun auch eine „unglückliche" zu nennen, aber in anderer Bedeutung als die des Kierkegaardschen Don Juan. Hat er doch schon jenes Bewußtsein erreicht, zu dem Johannes in keinem der möglichen ästhetischen Stadien fähig sein kann. Dieses Bewußtsein aber wird in Max Frischs Roman mit einer Zeiterfahrung konfrontiert, die dem Bewußtsein vom Ewigen konträr entgegensteht: der Zeiterfahrung chronologischer Abfolge. Und die Befangenheit Enderlins in der Zeit der Uhren verhindert, daß sich in seinem Jetzt verwirklichen kann, was sich in Kierkegaards Erstem ankündigt: die „Synthese des Zeitlichen und des Ewigen"[10]. Denn diese Synthese ist nicht machbar, sie ist nur erfahrbar. Enderlins Erfahrung mit der Zeit vollendet sich in ihr auf eine das nächtliche Jetzt vernichtende Weise.

Das nächtliche Jetzt Enderlins mit Lila wird für den Max Frisch der Erzählung „Montauk" zum „langen leichten Nachmittag" mit Lynn: Gegenwart ohne Vergangenheit und Zukunft. Diese Gegenwart ist dünn, die Gegenwart einer Begegnung, die — so intensiv sie sein mag — in die Reihe „mille e tre" gehört. Rückblickend entdeckt aus der Erfahrung des „langen leichten Nachmittags" das Enderlinsche Jetzt — auch im Lichte der Kierkegaardschen Augenblicks-Terminologie — noch einmal seine Ambivalenz. Wie Lynn und Max Frisch wollen Enderlin und Lila keine Geschichte, einen nicht durch Vergangenheit und Zukunft verstellten Augenblick: eine Nacht, einen Nachmittag außerhalb der Verpflichtung der Zeit. Das ist ein Verhältnis zur Zeit, das Kierkegaard der ästhetischen Position seines Entweder/Oder zuschreiben würde. Auch Johannes versagt sich der Verpflichtung der Zeit, auch er will den unverstellten Augenblick, der nicht Vergangenheit und Zukunft in sich aufnimmt, sondern von ihnen nicht berührt wird. Bei Kierkegaard erfährt diese Position eine Bewertung, die der Hannas gegenüber Fabers Zeitverständnis nahekommt. Wie Walter Faber kein Verhältnis zur Zeit hat, weil er kein Verhältnis zum Tod hat, hat Johannes kein Verhältnis zur Zeit, weil er kein Verhältnis zur Ewigkeit hat. Sein Verhältnis zur Gegenwart ist ein paradoxes: Er versucht, jenen Punkt in der Aufeinanderfolge von Vergangenem und Zukünftigem, den das physikalische Zeitverständnis als Gegenwart definiert, auszudehnen und mit Gegenwärtigkeit zu füllen. Die Ambivalenz

---

[10] Entweder/Oder II, S. 35.

des Enderlinschen Jetzt zeigt sich darin, daß gerade diese „dünne" Gegenwart die Möglichkeit der Überwindung chronologischer Zeiterfahrung erkennen ließ. Dies gilt für den Kierkegaardschen Johannes noch nicht. Er lebt in einer Unmittelbarkeit, die Enderlin nicht mehr kennt. Enderlins Angst vor der Wiederholung ist die Angst vor der Chronologie als Repetition.

Im Lichte der Kierkegaardschen Terminologie scheint der Begriff der Wiederholung im *Gantenbein* pervertiert zu sein. Denn an Enderlins Figur spricht sich in der Furcht vor der Wiederkehr des Gleichen die Angst vor der das Leben vernichtenden Kraft der Wiederholung aus. Für den Kierkegaardschen Begriff aber gilt das Gegenteil: In recht verstandener Wiederholung erst tritt das Dasein ins Leben. Es liegt nahe, für die Unterscheidung der Begriffe Kierkegaards *Wiederholung* überschriebene Abhandlung heranzuziehen, zumal ja der vorgebliche Verfasser dieser Schrift, Constantin Constantius, Max Frischs Interpretation des Shakespearschen *Othello* nicht unwesentlich beeinflußt hat. Von Constantin Constantius erfahren wir denn auch, was Kierkegaard mit der „neuen Kategorie" der Wiederholung meint. „Die Dialektik der Wiederholung ist leicht. Denn das, was wiederholt wird, ist gewesen, sonst könnte es nicht wiederholt werden, aber gerade das, daß es gewesen ist, macht die Wiederholung zu etwas Neuem. Wenn die Griechen sagten, daß alles Erkennen ein Sicherinnern ist, dann sagten sie: Das ganze Dasein, das da ist, ist dagewesen. Wenn man sagt, daß das Leben eine Wiederholung ist, dann sagt man: Das Dasein, das dagewesen ist, entsteht jetzt."[11] Als „Losung in jeder ethischen Anschauung" ist dieser Begriff von vornherein jeder ästhetischen Position entgegengestellt. Denn er greift das Wiederkehrende nicht unter dem Gesichtspunkt immer neuer Anläufe zum Leben auf, sondern als Möglichkeit der Entscheidung für das Leben. Damit aber ist ihm das Beängstigende, das mit Enderlins Übernahme der Wiederholung als Resignation nur verdeckt wird, genommen. Freilich entfaltet Kierkegaard das Problem nicht sukzessive, sondern in antithetischer Gegenüberstellung. Und in dieser Antithese dient gerade die Figur des Constantin Constantius dazu, jenen pervertierten Begriff der Wiederholung zu demonstrieren, der sich in der Repetition zu erfüllen meint. Trifft Constantin doch alle Vorkehrungen, die erforderlich sind, damit die perfekte Wiederkehr des Vergangenen eintrete. Der erwünschte Erfolg aber bleibt aus. Die immer

---

[11] Furcht und Zittern/Wiederholung, Jena ²1909 (Gesammelte Werke 3), S. 136.

neuen Anläufe bringen nichts als immer neue Enttäuschungen. „Das einzige, was sich wiederholte, war die Unmöglichkeit einer Wiederholung." Signalisierend für seinen Versuch steht auch hier das Wort „Pompeji". „Bei der Ausgrabung von Herkulaneum und Poempji fand man alles an seinem Platz, so wie die respektiven Besitzer es verlassen hatten. Wenn ich zu jener Zeit gelebt hätte, dann würden die Altertumsforscher vielleicht mit Erstaunen auf einen Menschen gestoßen sein, der mit abgemessenen Schritten in der Stube auf und ab ging."[12] Auch für Constantin ist alles noch vorhanden, „nur die Zeit ist weg". In seiner Mumifizierung die Zeit ausklammernd, verfehlt er die erstrebte Wiederholung. Noch in der versuchten Abwehr der Zeit der Uhren setzt sich deren Herrschaft durch. Denn das Ausklammern der Zeit geschieht um der perfekten Repetition willen. Die wiederhergestellten vergangenen Umstände sollen den zeitlichen Ablauf gewissermaßen überlisten. Die Notwendigkeit dieser List aber zeigt deutlich, daß Constantins Verhalten von der Herrschaft der chronologischen Zeit bestimmt ist. In dieser Zeit ereignet sich nicht die Wiederholung im Sinne Kierkegaards. In dieser Zeit kann es nur eine Wiederholung als Gewohnheit geben. Enderlins Furcht vor der Gewohnheit reproduziert auf ihre Weise, worauf Constantins Versuch der Wiederherstellung vergangener Zustände hinausläuft.

Die Parallelisierung der Zeitbegriffe der *Wiederholung* und des *Gantenbein* kann bestätigen, was schon die sich an den im Roman gegebenen Zeitelementen orientierende Analyse erbrachte: Wo die physikalische Zeiterfahrung dominiert, kann sich die anthropologische mit ihrem das Bedrängende der Zeit aufhebenden Anspruch nicht behaupten. Wie im Falle

---

[12] Furcht und Zittern/Wiederholung, S. 157, 163.
Noch in seiner „Liebe zur Geometrie" verkörpert der Don Juan Max Frischs die ästhetische Haltung, wenn er des Constantin Constantius Auffassung von der Wiederholung übernimmt: „Es gibt keine Wiederkehr... Wenn sie jetzt, in diesem Augenblick, noch einmal über diese Stufen käme, Wind im Gewand, und unter dem Schleier sähe ich den Glanz ihrer Augen, weißt du, was ich empfinden würde? Nichts. Bestenfalls nichts. Erinnerung. Asche" (Stücke 2, 45). Auch der *Stiller* erschließt sich unter dem Gesichtspunkt der Wiederholung. Was für Enderlin und Gantenbein Repetition ist, ist für Stiller Reproduktion. Und die Abwehr einer im Kierkegaardschen Sinne verstandenen Wiederholung bestimmt sein gespaltenes Verhältnis zu sich selbst. Vgl. Hans Mayer, Anmerkungen zu ,Stiller'. In: H.M., Zur deutschen Literatur der Zeit, S. 189–204. Eduard Stäuble, Max Frisch — Gesamtdarstellung seines Werkes, St. Gallen ⁴1971, S. 219 ff., übernimmt Hans Mayers Interpretation. Für die Zusammenstellung des Materials aus Max Frischs Schriften vgl. Monika Wintsch-Spiess, Zum Problem der Identität im Werk Max Frischs, Diss. Zürich 1965, S. 33 ff.

des Constantin Constantius keine Wiederholung im Sinne der ethischen Auffassung vom Leben, ist im Falle Enderlins kein Jetzt des erfüllten Augenblicks möglich. Für beide Positionen bleibt nur Pompeji, die Zeit der Asche und des Todes. Der Vergleich des *Gantenbein* mit der *Wiederholung* aber endet genau an dem Punkt, wo Kierkegaard mit der Figur des hingabebereiten Hiob die positive Möglichkeit der Wiederholung aufzeigt. Eine vergleichbare Gegenfigur gibt es weder für Enderlin noch für Gantenbein. Allenfalls wäre wieder auf die märchenhafte Lösung am Beispiel des Hirtenmädchens Alil zu verweisen.

Diese Beobachtungen können ein Doppeltes verdeutlichen: einmal, daß Max Frisch die Kierkegaardsche Problematik ästhetischer Existenzweise und die mit ihr verbundene Problematik der Verfallenheit an die chronologische Zeit zwar aufgreift, aber nicht im Sinne Kierkegaards von der Warte ethischer, geschweige denn religiöser Position zu lösen bereit ist; zum anderen, da er mit Enderlin und Gantenbein nicht ästhetische Stadien verkörpernde Figuren nach der Art des Johannes aus *Entweder/Oder* vorstellt, sondern Figuren, in denen die ästhetische Position, indem sie sie repräsentieren, fragwürdig wird, daß er diese Problematik selbst zum Thema der Darstellung machen will. Hier erfährt das offen-artistische Verfahren noch einmal seine Begründung, sofern es unter erzähltechnischem Gesichtspunkt den Boden für die direkte Konfrontation des Lesers mit dem Problem bereiten kann.

Unter der Kierkegaardschen Perspektive allerdings muß sich die Enderlin-Gantenbein-Figuration ein Urteil gefallen lassen, das sich in seiner Schärfe nur mit dem Bewußtsein des ethischen als des höheren Standpunktes rechtfertigen kann, wenn im zweiten Teil der *Stadien* der das Wort führende „Ehemann" von dem „Ritter der Reflexion" spricht, der eine Art Donquichotterie mit dem Wesen der Liebe treibt. Als „Ritter von der traurigen Gestalt" will er „die Synthese ergründen die das Wesen der Liebe ausmacht. Er merkt nicht, daß vor seinen Augen ein Schleier hängt, und daß er wieder vor dem Wunder steht". Ein Ritter von der traurigen Gestalt kann er genannt werden, weil er in der Reflexion, der er sich ergeben hat, nie an ein Ende kommen wird. In immer neuen Anläufen versucht er zu ergründen, was nur als Wunder erfahren, als Geschenk angenommen werden kann. So baut er sich Chimären seiner Reflexionslust einzig mit dem Ziel, um an ihnen zu scheitern. „Wie sie das überall tut", bringt auch hier die Reflexion „an den Bettelstab". Ja, der Ethiker kann von dem „verbrecherischen Versuch" sprechen, die

Liebe erschöpfen zu wollen. Wie ein vorweggenommenes Urteil über Gantenbeins Verhalten zu Lila, das zugleich dieses Verhalten beschreibt, mutet an, was Kierkegaards „Ehemann" zu einer der Unmittelbarkeit sich entziehenden Liebesbeziehung zu sagen hat. „Wirft sich die Reflexion auf die Liebe, so bedeutet das, daß man nachsieht, ob die Geliebte dem abstrakten Ideal einer Geliebten entspricht, das man sich gebildet hat. Aber das ist eine Versündigung, wie es auch eine Dummheit ist. Auch wenn der Liebende in der anscheinend reinsten Begeisterung nur die Absicht hätte das Anmutige in der Geliebten zu entdecken; auch wenn seine Reflexion durchaus bestimmt wäre von dem Wunsch, in der Geliebten das Ideal zu finden, das sie sein soll um ihm zu genügen; auch wenn er dann, was er Schönes an der Geliebten entdeckt, mit der einschmeichelndsten Stimme und mit der Beredsamkeit eines Dichters priese, so daß die zarteste weibliche Seele nur den Wohllaut hörte und den süßen Duft des Opfers einsaugte und die Versündigung nicht bemerkte: es wäre doch der verbrecherische Versuch, die Liebe zu erschöpfen."[13]

Dieses Verdikt über die Reflexion findet ihre zwar abgemilderte, weil unter dem positiven Gesichtspunkt des Glaubens erörterte, aber doch nicht minder deutliche Entsprechung in der Bewertung jenes anderen Ritters, von dem Kierkegaard in der auch auf die *Stadien* hinführenden Schrift *Furcht und Zittern* spricht, dem „Ritter der Resignation". Auch er ist eine traurige Gestalt, wenngleich seine Situation, wenn sie sich im Beharren der Resignation verwirklicht, als eine verzweifelte nur aus der zeitlichen Perspektive der Ewigkeit und aus der existentiellen des Glaubens erkannt werden kann. Kierkegaard kennt eine doppelte Resignation: einmal die, die sich des Zeitlichen als des Endlichen vollkommen versichert hat, um so in der Leere der endlichen Hoffnungslosigkeit den Raum für das höhere Vertrauen des Glaubens zu bereiten; zum andern jene, die in der Befangenheit des Endlichen verharrt, weil sie die über sich selbst hinausführende Hoffnung nicht wach hält. Nur von dieser letzten Resignation kann in bezug auf die Enderlin-Figur gesprochen werden. Sie aber wird von Kierkegaard unter dem Gesichtspunkt des religiösen Anspruchs „Betrug" genannt.[14]

Der Ausdruck „Betrug" ist in diesem Sinne, da er ein Verhältnis zur Zeit bezeichnet, wertfrei zu gebrauchen. Die Resignation der Befangenheit

---

[13] Stadien auf dem Lebensweg, S. 106, 137 f.
[14] Furcht und Zittern/Wiederholung, S. 41 ff.

in der Endlichkeit verkennt jene wesentliche Synthese, die des Menschen Existenz in der Zeit ausmacht, die „Synthese des Zeitlichen und des Ewigen". In der sukzessiven Abfolge chronologischer Zeit ist die Synthese freilich nur als Widerspruch zu begreifen. Die Erörterung dieses Widerspruchs wird auch bei Kierkegaard zur Gegenüberstellung von Gegenwart als punktuellem Moment zwischen Vergangenheit und Zukunft und Gegenwärtigkeit als erfahrbarer Dimension des Ewigen, in der die zeitliche Abfolge aufgehoben ist. In seiner Analyse des Zeitbegriffs, die auf die Bestimmung des Augenblicks als existentielle Kategorie der Gegenwärtigkeit hinausläuft, gibt er die philosophische Grundlage für die im *Gantenbein* dominante Zeiterfahrung. „Wenn man die Zeit richtig als die unendliche Sukzession bestimmt, so liegt es anscheinend nahe, sie auch als die vergangene, gegenwärtige und zukünftige zu bestimmen. Indessen ist die Distinktion unrichtig, so wie man meint, sie liege in der Zeit selbst; denn sie kommt erst dadurch zum Vorschein, daß die Zeit in ein Verhältnis zur Ewigkeit tritt und diese sich in jener reflektiert. Könnte man in der unendlichen Sukzession der Zeit einen festen Fußpunkt finden, der die Teilung begründete, ein Gegenwärtiges, so wäre die Einteilung ganz richtig. Weil aber jedes Moment ganz wie die Summe der Momente ein Prozeß, ein Vorbeigehen ist, so ist kein Moment wirklich gegenwärtig, und insofern gibt es in der Zeit weder Gegenwart, noch Vergangenheit, noch Zukunft." Dieser Zeit ohne Zeit stellt Kierkegaard das Ewige als das Gegenwärtige gegenüber. „Gedacht ist das Ewige, das Gegenwärtige als die aufgehobene Sukzession (die Zeit war die Sukzession, die vorbeigeht)." Von hierher erklärt sich noch einmal Enderlins Erfahrung des Welt- und Zeitverlustes in der Begegnung mit Lila. Aber die Aufhebung der Sukzession der Zeit macht den Augenblick noch nicht zu einer Kategorie des Ewigen. Kierkegaard unterscheidet denn auch konsequent den Augenblick als „Atom der Ewigkeit" von dem „rein abstrakt gedachten Zwischenmoment zwischen dem Vergangenen und dem Zukünftigen". Als Atom der Ewigkeit ist der Augenblick der Versuch, „gleichsam die Zeit zum Stehen zu bringen". Insofern hat er Anteil zugleich an der Zeitlichkeit und der Ewigkeit und kann von Kierkegaard „jenes Zweideutige" genannt werden, in dem Zeit und Ewigkeit einander berühren. Erst mit dem Augenblick auch ist der Begriff der Zeitlichkeit gesetzt, „in der die Zeit beständig die Ewigkeit abreißt und die Ewigkeit beständig die Zeit durchdringt". Im Lichte der Kierkegaardschen Kategorien des Augenblicks und der Wiederholung einerseits und aus der Retrospektive der Resignation der Enderlin-Gantenbein-Figuration andererseits entdeckt der Enderlinsche Versuch, das nächtliche Jetzt der Wiederholung zu entziehen und als Gegenwärtiges zu qualifizieren seine fatale Paradoxie. Für Kierkegaards rigorosen Anspruch ist dies Verhältnis zur Zeit nur als Parodie zu kennzeichnen: „das Leben, das in der Zeit ist und allein der Zeit angehört, hat kein Gegenwärtiges. Wohl pflegt man bisweilen das sinnliche Leben so zu bestimmen, daß es im Augenblick und nur im Augenblick sei. Man versteht also unter dem Augenblick die Abstraktion von dem Ewigen, welche eine Parodie auf dasselbe ist, wenn sie das Gegenwärtige sein soll".[15]

Mosaikartig setzt sich der den *Gantenbein* konturierende Hintergrund der Kierkegaardschen Gedankenwelt zusammen. Zugleich trägt der dazu bei, die im Roman angesprochenen Probleme erneut und verschärft in den Blick zu bekommen. Die sich in der ästhetischen Position verwirklichende Gantenbein-Enderlin-Existenz hebt sich doch durch das ihr eignende Reflexionsmoment von dieser ab. Die Paradoxie, die sich aus der Erkenntnis der dem Leben widersprechenden Position und der Unmöglichkeit, sich ihr zu entziehen, ergibt, wird allerdings im Roman nicht gelöst, auch nicht im Sinne des Kierkegaardschen Modells. Dennoch hat dieses Modell als Bereitstellung des Problems zu gelten.

Auch in anderen Punkten erweist sich die Abhängigkeit des *Gantenbein* von Kierkegaard. Dies betrifft etwa die Konzeption der wesentlichen Metapher des sehenden Blinden. In ihr kulminiert, was den Roman auf verschiedenen Ebenen strukturiert: die paradoxe Doppeldeutigkeit. Widersprüchliche Verdoppelung ist ja die Aufspaltung der Figuren in die Konstellation Buch-Ich/Enderlin und Buch-Ich/Gantenbein einerseits und Enderlin/Gantenbein andererseits. Dabei wird zumindest mit Svoboda und Siebenhagen die Möglichkeit weiterer Entwürfe in diesem Spiel der Verdoppelungen angedeutet. Schon die Montage der Figur in der Exposition geschah unter dem Gesichtspunkt der Verdoppelung. Auch die Entwürfe zu einem Ich, die namentlich an Gantenbein und Lila erprobt werden, sind von diesem Prinzip bestimmt. Wie eine Regieanweisung für das

---

[15] Der Begriff der Angst, Jena 1923 (Gesammelte Werke 5), S. 80 ff. Schon in *Entweder/Oder* gibt es die Gegenposition: die der anthropologischen Zeiterfahrung. Dort heißt es: „... das wahre Individuum lebt zugleich in der Hoffnung und in der Erinnerung" (Entweder/Oder II, S. 119), eine Bemerkung, die nicht ohne Einfluß auf Max Frischs Reflexion über Zeit und Zeiterfahrung im ersten Tagebuch gewesen sein dürfte.

Spiel der Verdoppelungen nimmt sich in diesem Zusammenhang eine Überlegung des Constantin Constantius in der *Wiederholung* aus, wenn er sich „einen jungen Menschen mit etwas Phantasie" vorstellt, der „vom Zauber des Theaters gefesselt", wünscht, „selbst mit in jene künstliche Wirklichkeit hineingerissen zu werden, um wie ein Doppelgänger sich selbst zu sehen und hören, sich selbst in seine, alle möglichen Verschiedenheiten von sich selbst zu zersplittern, und doch so, daß jede Verschiedenheit wieder er selbst ist... In einer solchen Selbstanschauung der Phantasie ist das Individuum keine wirkliche Gestalt, sondern ein Schatten, oder richtiger: die wirkliche Gestalt ist unsichtbar zur Stelle und begnügt sich daher nicht damit, *einen* Schatten zu werfen, sondern das Individuum hat eine Mannigfaltigkeit von Schatten, die ihm alle gleichen und die momentweise alle gleichberechtigt sind, er selbst zu sein."[16] Wenn auch dieser Entwurf der Phantasie eines jungen Menschen zugeschrieben wird, der sich seiner Persönlichkeit nur erst im „Traum" zu versichern weiß, er gilt doch auch für Gantenbein auf der Suche nach der Erkenntnis seiner Person im Verhältnis zu Lila.

Daß er dabei die Rolle wählt, ist gerade im Horizont der Kierkegaardschen Interpretationshilfe bemerkenswert. In der *Krankheit zum Tode* greift Kierkegaard das in der *Wiederholung* spielerisch vorgetragene Problem auf sehr ernste Weise unter dem Gesichtspunkt der Verzweiflung am Endlichen wieder auf. Zudem verknüpfen sich in dieser späten Schrift erneut die Verbindungslinien, die mit der Analyse des Zeitbegriffs zwischen dem *Begriff der Angst* und dem *Gantenbein* gezogen wurden. Die Gantenbeinsche Position wäre demnach als „Mangel an Unendlichkeit" zu bestimmen. Denn Gantenbein wählt um der Erkenntnis einer selbst willen nicht sich selbst, sondern eine Rolle von sich. Diese Art der Wahl aber ist für Kierkegaard nur Ausdruck der Verzweiflung an der Endlichkeit. Und die Geschichte vom Botschafter (182ff.), exponierter Beispielfall am Schnittpunkt der Enderlin- und Gantenbeingeschichte, der das Problem der Rollenexistenz thematisiert, scheint hier schon seine vorweggenommene Deutung gefunden zu haben. „Während man nun in *einer* Art von Verzweiflung sich in das Unendliche verirrt und so sich selbst verliert, läßt man sich in einer andern Art von Verzweiflung gleichsam sein Selbst von ,den andern' ablocken. Indem ein solcher Mensch die Menge Menschen um sich sieht, und mit allerhand weltlichen Dingen zu tun bekommt,

---

[16] Furcht und Zittern/Wiederholung, S. 141 f.

und sich darauf verstehen lernt wie es in der Welt zugeht, vergißt er sich selbst, wagt nicht sich auf sich selbst zu verlassen, findet es viel leichter und sicherer wie die andern zu sein; und so wird er, statt er selbst, eine Nummer mit in der Menge. Auf diese Form der Verzweiflung wird man in der Welt so gut wie gar nicht aufmerksam. Denn wer so sich selbst aufgibt, gewinnt dadurch gerade die Möglichkeit sein Glück in der Welt zu machen... Ist ein Mensch so verzweifelt, darum kann er doch ganz gut (und eigentlich gerade desto besser) in der Zeitlichkeit dahinleben, mit allen Aufgaben der Zeitlichkeit beschäftigt, von andern gepriesen, angesehen und geehrt — ein volles, glückliches Menschenleben, wie es scheint. Was man die Welt nennt besteht aus lauter solchen Menschen, die sich, sozusagen, der Welt verschreiben. Sie gebrauchen ihre Gaben, treiben weltliche Geschäfte, berechnen klug, sammeln Geld usw. usw., werden vielleicht sogar in der Geschichte genannt — aber sie selbst sind sie nicht..."[17]

Die Parallelen zwischen dem *Gantenbein* und der mittleren Periode Kierkegaards lassen über die eingegrenzte Thematik der Zeiterfahrung hinaus einige grundsätzliche Bemerkungen zur Kierkegaard-Rezeption Max Frischs zu. Max Frischs Interesse an Kierkegaard entzündet sich am Problem der ästhetischen Existenzweise. Dies dokumentiert sich in seiner Vorliebe für jene Gestalten, die bei Kierkegaard Exponenten der ästhetischen Position sind, Johannes aus *Entweder/Oder* und Constantin Constantius, Teilnehmer des Symposion über die Liebe in den *Stadien* und Verfasser der *Wiederholung*. Dabei stößt der Vergleich auf zwei entscheidende Differenzen, die einmal die Darstellungsweise, zum andern die Lösung des Problems betreffen. Im Hinblick auf die Darstellungsweise ist festzuhalten, daß es bei keiner der Figuren Max Frischs zu einer Identität mit einer der die ästhetische Position vertretenden Figuren Kierkegaards kommt. Denn

---

[17] Die Krankheit zum Tode, Jena ²1924 (Gesammelte Werke 8), S. 30 ff. Anzumerken ist, daß auch die Überlegungen des zweiten Tagebuchs zum Verhältnis von Zufall und Notwendigkeit ihre Parallelen bei Kierkegaard haben. In den *Philosophischen Brocken* heißt es in dem „Das Vergangene" betitelten Paragraphen: „Was geschehen ist, das ist so geschehen, wie es geschehen ist; so ist es unveränderlich; ist aber diese Unveränderlichkeit die Notwendigkeit? Die Unveränderlichkeit des Vergangenen besteht darin, daß dessen wirkliches So nicht anders werden kann; folgt aber daraus, daß dessen mögliches Wie nicht anders geworden sein konnte?... Das Zukünftige ist noch nicht geschehen; aber *darum* ist es nicht weniger notwendig als das Vergangene, da das Vergangene dadurch, daß es geschah, zeigte, daß es nicht notwendig war..." (Gesammelte Werke 6, Jena 1925, S. 70 f.).

was diese auszeichnet, fehlt jenen: das Moment der Unmittelbarkeit. Kierkegaards Figurationen ästhetischer Existenzweise werden unmittelbar vorgestellt und erfahren erst von der höheren Warte der ethischen oder religiösen Position ihre Beurteilung. In dieser Hinsicht sind Max Frischs Figuren — schon aufgrund ihrer jeweiligen Ausgangssituation im Roman — „Ritter der Reflexion". Den unmittelbaren Standpunkt des Ästhetischen haben sie schon überwunden, wenngleich sie auch nicht den unmittelbaren Standpunkt des Ethischen einnehmen können. Was die Lösung des Problems betrifft, verbietet sich jede Parallelisierung. Denn weder durch den ethischen noch durch den religiösen Standpunkt wird bei Max Frisch der ästhetische überwunden. Aus der Sicht Kierkegaards müßte man Max Frisch vorwerfen, daß er die Überwindung der das Leben verweigernden ästhetischen Position nicht erreicht. Auf seine Weise allerdings versucht er diese Überwindung doch. Und dies gerade in der Außenseiterstellung seiner Figuren. In dieser Stellung entzieht er sie der Unmittelbarkeit. Keine kann sich als ästhetische vollenden. Denn ihr Verhältnis zur ästhetischen Position, so sehr sie diese verkörpern, ist gebrochen und mithin problematisch. Damit aber wird die als fatal erfahrene Situation in der Reflexion wenn nicht überwunden, so doch fragwürdig gemacht.

Bezeichnend für das eine wie für das andere ist, daß sich Max Frisch auf jene Stellen aus *Entweder/Oder*, der *Wiederholung* und den *Stadien* bezieht, die aus der Gegenposition die ästhetische als eine fragwürdige erweisen. Deshalb findet auch der *Gantenbein* mit seinem „geheimen Kierkegaard-Thema" keine Lösung. Denn das Schlußbild vom Leben kann nicht als solches angesehen werden. Mutet es doch in seiner angesichts des Romans überraschenden Unmittelbarkeit eher wie ein Rückfall in ein ästhetisches Stadium an. Eine Lösung aber ist von Max Frisch nicht gewollt. Es sei denn, sie bestünde in der Reflexion des durch das „geheime Kierkegaard-Thema" verdeutlichten Problems, das sich aus der Unabweisbarkeit ästhetischer Existenzweise und der Erkenntnis ihrer Unmöglichkeit ergibt.

VII. „Störbare Spiegelungen"

Ob die Analyse der Erörterung des „geheimen Kierkegaard-Thema" galt, ob sie sich dem Problem der Existenzverwirklichung angesichts des Todes stellte, ob sie auf die Vieldeutigkeit der metaphorischen Bezüge abhob oder unter formaler Fragestellung das „Offen-Artistische" zu demonstrieren suchte, immer lief sie auf die Feststellung der in der Paradoxie des vorgestellten Problems grundgelegten Doppeldeutigkeit der Aussage hinaus, die sich im Erzählverlauf als Widerspruch der aufeinander zu beziehenden Erzählteile kundgibt. Diese Doppeldeutigkeit ist nicht nur als die grundsätzliche ästhetische Verweigerung gegenüber einer endgültigen Aussage aufzufassen, sie ergibt sich im *Gantenbein* zudem einmal aus der Unauslotbarkeit des zum Thema erklärten Problems, zum andern aus der Absicht einer Erzählhaltung, die den Leser an keiner Stelle des Romans mit den in der Darstellung zwar unausgesprochen, aber doch nur in ihr zu Wort kommenden Fragen fertig werden läßt. Denn mit Beharrlichkeit weigert sich der Roman bis hin zum Schlußbild, Antworten auf die Fragen zu geben, die er in seiner konstruierten Widersprüchlichkeit selbst provoziert. Hier entdeckt sich ein bedeutenderes Ärgernis als das an der Unverbundenheit der Varianten. Das Ärgernis aber ist von Max Frisch kalkuliert. Denn nur der provokative Charakter der Erzählung kann jene Irritation im Leser bewirken, die über den Beispielfall Gantenbein-Lila hinaus zu weitergehender Reflexion veranlaßt. Dem scheint allerdings das spielerische Element der Erprobung von Varianten entgegenzustehen. Dies kann nur dann gelten, wenn das Spielerische als Zeichen der Unverbindlichkeit aufgefaßt wird. Eine solche Auffassung liegt insofern nahe, als im Spiel der Wiederholungen das Thema scheinbar ohne Fortschritt ständig neu und immer nur in Anläufen intoniert wird. Aber gerade dieser Charakter der Vorläufigkeit ist konstitutiver Bestandteil einer auf Reflexion angelegten Erzählweise. Und die ständigen Wiederholungen sind nur dann als Ansätze zur Exposition des Themas zu verstehen, wenn sie auf eine Erwartung treffen, die über die Präsentation des Problems hinaus nach dessen Lösung verlangt. Einem solchen Anspruch versagt sich der *Gantenbein* auf eine bezeichnende Weise, und zwar wiederum unter Einsatz der artistischen Möglichkeiten des Erzählens.

Die Analyse der Todesthematik des Romans hat zeigen können, daß Max Frisch das symbolische Leitmotiv des Spiegels gleichsam mechanisch verwendet. Immer dort tritt es auf, wo es angebracht scheint, auf die adamitische Situation der Verbindung von Erkennenwollen und Todesverfallenheit hinzuweisen. Diese Beobachtung gilt auch für die anderen leitmotivartig eingesetzten Wegzeichen auf dem Gang durch die „finsteren Gräber". Schon die Auffälligkeit in der Art ihrer Verwendung widersetzt sich dem Bemühen, ein Ideengewebe für den Roman zu erstellen. Denn nicht erst das Gefüge der Motive ergibt den Themenkomplex; jedes einzelne schon ist in seinem Verweisungscharakter unverkennbar, wenngleich es im Hinblick auf seine Bedeutung als Chiffre auftritt. Auch die Verschränkungen, Wiederholungen und Veränderungen der Motive bringen keine Erweiterung des in der Exposition erstellten Themenkomplexes; sie dienen der immer wiederholten Vergewisserung des gleichen Problems aus der Perspektive spielerisch eingenommener veränderter Standpunkte. So ist denn kaum von einer leitmotivischen Verknüpfung der Symbole zu sprechen, eher von einer mit ihr gegebenen offenen Chiffrierung. Das Paradoxe dieser Formel soll eine Paradoxie der Darstellungsweise selbst ausdrücken. Denn festzuhalten ist, daß das Metaphern- wie das Chiffrenspiel in einer Weise durchgeführt wird, die auch noch die verdeckte Anspielung durch nachträgliche Erklärungen und Zusätze und durch ihre signifikante Stellung im plot zu einer offenen macht. Bewußt und kalkuliert wird der Chiffre der Rätselcharakter genommen. Das bedeutet für die Analyse, daß sie zu kurz greifen würde, bliebe sie bei der Dechiffrierung stehen. Denn sie könnte zu leicht von der Darstellungsweise und der mit ihr beabsichtigten Wirkung absehen.

Auf der Ebene der Darstellung trägt das Spiel der variablen Standpunkte das Merkmal der Spiegelungen.[1] Vom Spiegel ist im Roman nicht nur als Motiv zu reden. Spiegelcharakter haben die einzelnen Geschichten in

---

[1] Mit dem Ausdruck „Spiegelspiel" kennzeichnet Rolf Kieser, Max Frisch, S. 124 und 139, dieses Verfahren des *Gantenbein*. Unter den Gesichtspunkt der Gesellschaftskritik gestellt, kann das artistische „Spiegelspiel" eine negative Bewertung des Romans veranlassen, wenn im „kaleidoskopischen Wechsel" der „Wandel" vermißt wird, wenn nach den Folgen der Verfremdungen gefragt wird, wenn — um es mit anderen Worten zu sagen — in der Ambivalenz des geistigen Spiels die Eindeutigkeit der Aussage vermißt wird (Reinhold Grimm in Verbindung mit Carolyn Wellauer, Max Frisch. Mosaik eines Statikers. In: H. Wagner (Hg.), Zeitkritische Romane des 20. Jahrhunderts, Stuttgart 1975, S. 276–300, hier 293).

ihrem Verhältnis zur Gantenbein-Enderlin-Problematik, Spiegelcharakter hat schon die Konstellation dieser beiden Hauptfiguren. Sind sie doch nur Spiegelungen des Buch-Ich, wie sie selbst noch in ihrer Kontrastfunktion sich gegenseitig entsprechen. Dies gilt in erster Linie für jene Erfahrungen, an denen sich die Problematik des Romans entfaltet, die Erfahrung der Rolle und der Zeit. Gantenbeins Existenz wird aufgegeben, als er seine Rolle verläßt. Enderlin ist aufgegeben, da er keine Rolle übernehmen kann. Die für beide Figuren bestimmende Zeiterfahrung verlangt allerdings die Rollenexistenz. Denn das Bewußtsein von der Unmöglichkeit, sich selbst in der Zeit der Uhren verwirklichen zu können, zwingt zu der Einsicht, da man der chronologischen Zeiterfahrung nicht entgehen kann, sich nur als Rolle verwirklichen zu können. Die Verweigerung der Wiederholbarkeit und der Annahme des Selbst im Kierkegaardschen Sinne läßt keinen anderen Ausweg als den der Rollenexistenz zu. Was in diesem Verhältnis Gantenbein bis zur Identifizierung mit der Zeit der Uhren demonstriert, versucht Enderlin von seiner Geschichte fernzuhalten.

Diese wenigen Bemerkungen schon können zeigen, daß die Spiegelungen nicht als direkte Entsprechungen aufzufassen sind. „Spiegelbildlich" meint im *Gantenbein* „die andere Seite" (178). Daß die Problematik die gleiche bleibt, unterstützt nur das Spiel der Spiegelungen. In diesem Spiel sind die Kontraste dominant. Dies betrifft vor allem die Figuren Gantenbein und Enderlin. Schon die Exposition hat den spiegelbildlichen Gegensatz der beiden Figuren im Verhältnis zu ihrer Geschichte zum Gegenstand. Während die „Gantenbein" genannte Projektion des Buch-Ich im Versuch, mit neuen Kleidern „ein anderes Leben" zu führen, an den „immer gleichen Falten am gleichen Ort" scheitert — hierin vergleichbar der Kabusch-Figur des zweiten Tagebuchs[2] —, weiß die Enderlin-Projektion — als Enderlin durch den Hinweis auf den Ruf nach Harvard kenntlich gemacht — von dem das Dasein bestimmenden Einfluß der Umstände. Ein Unfall, glimpflich abgelaufen, hätte sein Leben bei anderem Ausgang verändert: „ich wäre derselbe, der ich jetzt bin, und nicht derselbe" (29ff.). Erst durch die Kontrastierung der beiden Hauptfiguren schafft sich Max Frisch die Möglichkeit, auf der Ebene der Darstellung das Thema des Romans zu problematisieren. Denn in dieser Konstellation kann es nicht mehr

---

[2] Vgl. Tagebuch 1966–1971, S. 277 ff.

eindeutig, sondern nurmehr widersprüchlich dargestellt werden. Erst durch die widersprüchliche Darstellung aber erhält der Roman jene irritierenden Momente, die den Leser verunsichern und zur Reflexion nötigen. Das bedeutet freilich nicht, daß der Spielcharakter aufgegeben würde. Im Gegenteil: gerade in der spielerischen Gegenüberstellung können Varianten innerhalb der Erörterung des Problems erprobt werden, die auch dann nicht „unfruchtbar" sind, wenn sie zu keiner Lösung führen.

Unter dem Gesichtspunkt der kontrastiven Spiegelungen erklärt sich nun auch die Funktion der Svoboda-Figur. Sie wird ja nicht — wenngleich der Anschein entgegensteht — als beliebige figurative Variante der Enderlin-Gantenbein-Lila-Beziehung zugefügt, sondern als Exponent des Gantenbeinschen Versuchs, „Lila von außen" zu sehen. Während an Enderlin die Zeiterfahrung Gantenbeins problematisiert wird, steht Svoboda für eine auch ins Ausweglose führende Möglichkeit der Erkenntnis des anderen „von außen". Dabei gilt auch für ihn: „Eifersucht als Beispiel dafür" (420). Bezeichnend schon ist, daß die Svoboda-Handlung durch zwei Geschichten für Camilla Huber unterbrochen wird, die die Entfremdung thematisieren, einmal unter dem Gesichtspunkt der Beziehung von Mann und Frau — „sie schlief, und er konnte sich, von jenem Spiegel belehrt, ohne weiteres vorstellen, wie ein andrer sie umarmt..." (363) —, zum andern unter dem Gesichtspunkt der Todeserfahrung (385ff.). Die Erklärung allerdings kommt erst später, auf jener Schiffsreise des Buch-Ich (433ff.), die mit der Begegnung der fremden Dame, die bei der Abfahrt des Schiffes „ebenfalls nicht winkt", der Erfahrung „Lila von außen" dient. Von ihr heißt es: „ihr Körper im Spiegel: so wie ein Mann ihn sieht, ihr Körper von außen..."; hinzugefügt wird: „Wer es so sieht, ist Svoboda". Damit wird auch Svoboda zur Kontrastfigur Gantenbeins im Verhältnis zu Lila. Denn was Gantenbein trotz aller Vorkehrungen nicht erreicht, ist für ihn Ausgangspunkt im Roman: der objektivierte Standpunkt im Eifersuchtsverhältnis zu Lila. Dem scheint zu widersprechen, daß er sich in seinem verzweifelten Eifersuchtsengagement gleichsam verausgabt. Keine Figur im Roman — auch nicht die des eifersüchtigen Bäckermeisters in O. — ist so unmittelbar durch die Situation geprägt wie die Svobodas. Auch in den Variationen seiner Existenz ist er identisch mit seinem Verhalten. Der Widerspruch löst sich durch den Hinweis auf einen gewollten Widerspruch: den zur Gantenbein-Existenz. Denn Gantenbeins Verhalten bleibt gerade im Verfolgen seiner eifersüchtigen Pläne ein distanziertes. Das Gegenteil verkörpert Svoboda. Seine Kontrastrolle zu Gantenbein ist auch in seinem eifersüchtigen Engagement konsequent durchgehalten.

So ist er als Exponent des Eifersuchtsmotivs kontrastive Spiegelung der Gantenbein-Figur. Notwendig muß er in dieser Rolle dem anderen Exponenten der Gantenbein-Situation, Enderlin, widersprechen. Dies verdeutlicht Max Frisch schon durch die Beschreibung der äußeren Gestalt der beiden Figuren. Während Svoboda vorgestellt wird als „baumlanger Böhme, breitschultrig, rundschultrig, etwas zu baumlang für die grazile Lila", als „ein schwerer Mann, dabei unfett und keineswegs schwerfällig, sportlich, ein Mann übrigens, den man sofort als blond bezeichnen würde, obwohl er eine vollkommene Glatze hat, die aber nicht als Haarausfall erscheint, sondern zu seinem männlichen Gesicht gehört wie Kinn und Stirn", der „ungern vor den Spiegel" tritt, als „ein famoser Koch, Melancholiker, ein Bär, schwer, aber beweglich, linkisch nur aus dem Bedürfnis (insbesondere in Gegenwart von Lila) seine Kraft nicht zu zeigen", erscheint Enderlin in seinen Augen als „ein schlanker und zierlicher Intellektueller, nicht gerade hühnerbrüstig, aber zierlich. Kein Bär. Eher ein Vogel. Kein Böhme. Eher ein spanischer oder französischer Typ, allenfalls Italiener, jedenfalls schwarzhaarig... Ein schmaler Kopf mit einem immer wieder erstaunlichen Wissen auf allen Gebieten..." (363ff.) Und doch: auch dieser Gegensatz „stimmt nicht". Denn er würde das Spiel der kontrastiven Spiegelungen zu eindeutig vortragen. Er würde zu leicht die Identifikation der Figur mit ihrer Rolle ermöglichen. Der zu eindeutige Gegensatz wird durch Hinweise wie: „was nicht stimmt", „Ich werde Svoboda enttäuschen" gestört.

Gestört werden die Spiegelungen nicht nur durch Zusätze des Buch-Ich. Gelegentlich trägt sich die Störung in die Darstellung selbst ein. Als Demonstration extremen Rollenverhaltens von Mann und Frau, die schon nicht mehr „ein Paar" genannt werden können, fungiert die auch mit der Svoboda-Handlung verknüpfte Geschichte einer „Liebe, die zu verabschieden ist" (378ff.). Sie reproduziert auf ihre Weise das vorhergehende Rollenspiel zwischen Svoboda und Lila. Hier aber wird in der Diktion deutlich, was zuvor durch das wiederholte „entschuldige" verdeckt wurde: das Ende eines Verhältnisses, das nur noch in der Rolle fortgeführt wird. Der Gestus überhöhten Sprechens mit Tendenz zur Inversion kennzeichnet die Situation als eine verlogene, schafft aber zugleich Distanz zur Darstellung des Geschehens: „Zwar wirft er den Harlekin-Ball gar sorgsam, damit sie ihn sollte fangen können". Die in der Verstellung verfremdende Redeweise macht die Situation für den Leser erkennbar in ihrem Rückverweis auf die Svoboda-Lila-Beziehung. Die Spiegelung gibt sich nicht unmittelbar, sondern distanziert. Zudem ist der Leser seit langem auf die Situation vorbereitet. Schon im ersten Teil des Romans ist ausgesprochen, was hier im zweiten demonstriert wird: „Wenn Lila wüßte, daß ich sehe, sie würde verzweifeln an meiner Liebe, und es wäre die Hölle, ein Mann und ein Weib, aber kein Paar" (159). Das „Geheimnis", das Mann und Frau zum Paar macht, ist der Geschichte der „verabschiedeten Liebe" verloren gegangen. Aber Gantenbeins „Geheimnis" im Verhältnis zu Lila ist seine Lüge der vorgeblichen Blindenexistenz. In der Spiegelung des Paares am Strand, deren Liebe schon nicht mehr ausreicht, „um den andern nicht mehr zu durchschauen", erfährt die Geschichte der Beziehung Gantenbeins zu Lila nachträglich die ihr zukommende Kennzeichnung als eine Geschichte der Verstellung.

Verstellung ist durchaus mehrdeutig zu verstehen. Von „verstellbaren Spiegeln" war in der Exposition die Rede. Von in diesem Sinne verstellten Geschichten ist die Gantenbein-Lila-Handlung umgeben. Zeigen sie doch in jeweils verstellter Spiegelung immer nur eine andere Ansicht des gleichen Problems. Der Themenkomplex aus Eifersucht, Zeit- und Todeserfahrung, Erkenntnisproblematik und Rollenverhalten spiegelt sich nicht nur in den Variationen des zweiten Teils, sondern auch in den an signifikanter Stelle eingeschobenen Geschichten. Auch an ihnen erweist sich das Prinzip der Konstrastierung. Denn durchwegs handelt es sich um einen „Gegenfall" (182). Die Funktion der Ali-Geschichte als märchenhaftes Gegenbeispiel für die Gantenbein-Situation wurde schon herausgestellt. Auch die anderen Geschichten haben ihre Bedeutung im kontrastiven Spiel der Spiegelungen. So ist der „Pechvogel" in seinem Festhalten am einmal getroffenen Entwurf seines Ich Gegenspieler zum „Milchmann", dessen Ich „sich verbraucht" hat (74ff.). Svobodas eifersüchtige Handlung findet ihre vorausdeutende Entsprechung in der Geschichte des Bäckermeisters in O.; beide sind Gegenfall für Gantenbeins berechnende Eifersucht. Dabei wird das kontrastive Moment noch in der Konkurrenz der beiden Geschichten artistisch gehandhabt. Denn auch in ihrer Parallelisierung setzt sich der Kontrast durch. Während Svoboda mit Überlegung in einer Art Ersatzhandlung seine Wohnung zerschießt, schießt der Bäckermeister — in dieser Handlung seines Verstandes offenbar nicht mächtig — den Nebenbuhler „genau in die Lenden" (170). Die Geschichte vom Botschafter (182ff.) wird ausdrücklich ein „Gegenfall" zu Enderlins Verweigerung der Übernahme einer Rolle genannt. Zugleich spiegelt sich Gantenbeins Verhältnis zur Rollenexistenz. In bezug auf das Eifersuchtsmotiv also sind Svoboda und der Bäckermeister in O. Parallelfiguren im Kontrast zu Gantenbein; in bezug auf die Frage der Rollenexistenz sind Gantenbein und der Botschafter Parallelfiguren gegenüber Enderlin. Am Beispiel dieser Gegenüberstellungen kann die bewußte Verschränkung zwischen Figurenkonstellation und eingestreuten Geschichten verdeutlicht werden. Damit aber nicht genug: die Spiegelungen selbst sind nicht eindeutig. Auch in den Parallelfällen behauptet sich der Kontrast. Keine der Geschichten, so beliebig sie scheinen, ist zufällig. Auch die letzte des Romans, die der Leiche in der Limmat, ist über die Thematisierung des Todes hinaus in ihrem Bezug zum Ausgang des Romans gekennzeichnet. Das unbemerkte Verschwinden der Leiche hätte den Verlust einer „Geschichte" bedeutet, einer jener Geschichten, die Gantenbein vor verstellbaren Spiegel erprobt. Selbst die scheinbar nur die Philemon und Baucis-Rolle einführende Erzählung des Paares, das sich während der Umarmung im Spiegel sieht und als fremdes erkennt (362f.), hat ihre Entsprechung im ersten Teil des Romans. Denn auch dort ist von der Umarmung die Rede, „eine Lebenslage, wo Gantenbein seine Blindenbrille abnimmt, ohne deswegen aus seiner Liebesrolle zu fallen" (163). Und hier fällt das bezeichnende Stichwort: „ein Blinder kommt nicht von außen". Von außen aber sieht Philemon Baucis: „er konnte sich, von jemem Spiegel belehrt, ohne weiters vorstellen, wie ein anderer sie umarmt, und saß daneben, keineswegs bestürzt, eher froh um die Tilgung seiner Person". „Lila von außen" zu erkennen, wäre Gantenbeins letzte Möglichkeit. Aber auch sie ist ihm verwehrt. Und wenn es von Gantenbein und Lila heißt: „erst das Geheimnis, das sie voreinander hüten, macht sie zum Paar", entdeckt die nachträgliche Entfremdungssituation der Umarmung Gantenbeins Geheimnis als Verstellung. Denn für Lila gibt es die Möglichkeit des Geheimnisses nicht.

Verstellung ist ja schon Gantenbeins angenommene Existenz als blinder Seher. Die Verstellung aber wirkt auf ihn zurück: Verstellt ist sein Blick nicht nur in seiner Beziehung zu Lila. Verstellt ist sein Blick vor allem im Hinblick auf die Erkenntnis der eigenen Situation. Denn die Dämmerung und Sonnenfinsternis schaffende Brille läßt das Licht Jerusalems nicht ein. Auch der *Gantenbein* ist bestimmt von den sich entsprechendenden Ambivalenzen Nacht und Licht, Tod und Leben, die in stets gleicher

Bedeutung bei Max Frisch wiederkehren.[3] Und wenn das Buch-Ich sich des öfteren zur Identität mit einem Gantenbein entscheidet, der in diesem symbolischen Gegeneinander der Seite der Finsternis angehört, da ihm der Blick auf das Licht durch seine Ausgangssituation verstellt ist, auf der anderen Seite die Lichtwelt Jerusalems und die Wunderwelt Alils die Möglichkeit der Erlösung aus der ausweglosen Gantenbeinsituation anzeigen, ist der Widerspruch unausweichlich. Dies umso mehr, als sich die Selbstbehauptung des Buch-Ich als Gantenbein immer dann als Gegengewicht vorträgt, wenn Gantenbein in seinem Beispielfall „Eifersucht" gescheitert ist (vgl. 310, 406, 420). Dies ist nicht wertend zu verstehen. Wird doch an Gantenbein eine Situation vorgestellt, deren Unausweilichkeit in merkwürdigem Kontrast zu ihrer Paradoxie steht.

Um eine solche Situation darstellbar zu machen, greift Max Frisch auf das Spiel der kontrastiven Spiegelungen zurück. In der Spiegelung eröffnet sich ihm die Möglichkeit der Wiederholung einzelner Szenen, Motive und Symbole. Wiederholung aber ist nicht nur im *Gantenbein* Kennzeichen dessen, dem man sich nicht entziehen kann. Daß sich in der Wiederholung der Kontrast behauptet, weist auf das Paradoxe der geschilderten Situation.

Bis ins Detail ist von Max Frisch das kontrastive Spiel der Spiegelungen durchgeführt. Die bei der Analyse der Morgengrauen-Metapher aufgedeckte spiegelbildliche Anlage wiederholt sich nicht nur auf der Ebene der Gesamtkonzeption des Romans mit der Achse Jerusalem und der gegenseitigen Entsprechung von erstem und zweiten Teil, nicht nur im Verhältnis der eingestreuten Geschichten zu den Handlungssträngen, als deren Exponenten Gantenbein und Enderlin fungieren, und im Verhältnis der Geschichten zueinander, es wiederholt sich bis in die Komposition von Detailschilderungen. Als ein Beispiel mag die in die Exposition genommene und am Schluß des Romans wieder aufgegriffene Beschreibung der verlassenen Wohnung gelten (25ff., 487). Der mähliche Aufbau der Szenerie macht Schritt um Schritt die beschriebenen Gegenstände zur Requisiten einer Grabeskammer. Verdeutlichende Fragen wie „Wegzehrung für eine Mumie?... Warum sind leere Schuhe so entsetzlich?" unterstützen die Absicht der Beschreibung. Schließlich bekommen alle Gegenstände Doppel-

---

[3] Schon im *Homo faber* wird dieser mythische Gegensatz intoniert, wenn Walter Faber angesichts seines erwarteten Todes vom Licht spricht und sein Leben meint (Homo faber, S. 282f.). Vgl. zu dem Komplex: Jürgensen, Sprachsymbolismus.

deutigkeit im Sinne der Bereitung des Todeslandes, wobei freilich die ironische Brechung nicht ausbleibt, wenn es heißt: „Korkenzieher bleibt Korkenzieher, Standard, im Stil der Epoche". Hätte die Beschreibung nur den Zweck, die verlassene Wohnung als Grabeskammer zu kennzeichnen, könnte sie bei der ersten Erwähnung des Vergleichs mit Pompeji, auf den sie zuläuft, enden. Aber dann wiederholt sich, was der Leser schon kennt: hinter geschlossenen Fensterläden ein Mann in Mantel und Mütze auf der Lehne eines weißverhüllten Polstersessels... „wie in Pompeji", er kann sich vorstellen, „wie hier einmal gelebt worden ist", vor dem Einbruch der heißen Asche. Die Überlegung wird unterbrochen durch ein Klingeln an der Wohnungstür, das nichts verändert. Anschließend das Gleiche, jetzt aber als Widerspruch: „in Mantel und Mütze ... ich kann es mir nicht vorstellen, wie hier gelebt worden ist". Die Wiederholung wird zum Widerspruch, der das Voraufgegangene nicht nur auf der Bedeutungsebene relativiert, sondern auf der Darstellungsebene zurücknimmt. Was gesagt wurde, hatte nur relative Gültigkeit. Dies betrifft auch das Verhältnis von Darstellung und Dargestelltem. Denn eine hier immer naheliegende Identifikation kann nicht eintreten. Verhindert wird sie durch den im Widerspruch sich durchsetzenden verfremdenden Zugriff des offenartistischen Erzählens. Die möglicherweise vom Leser erstellte Identifikation von Darstellung und Dargestelltem wird entweder nachträglich zurückgenommen oder durch ein gegenteiliges Angebot der Identifikation ersetzt. So wird jedes Wort doppeldeutig. Angesichts der Grabeskammer der verlassenen Wohnung kann man sich vorstellen, wie hier „gelebt" worden ist, auf die Weise nämlich, wie im Todesland gelebt wird. Man kann es sich aber zugleich auch nicht vorstellen, denn was sollte leben in Gräbern heißen!

Nicht nur diese Stelle, der ganze Roman sowohl in seinem Aufbau wie in der Anlage der einzelnen Szenen, in der Konzeption seiner „wesentlichen Metapher" wie in der Konstellation der Figuren, auf symbolischer wie auf beschreibender Ebene ist von der Antithese bestimmt. Sogar im Gegenbild vom Leben am Schluß des Romans hält sich der Widerspruch — wenn auch als aufgehobener — durch. Wenn hier vom „Tag im September", vom Herbst gesprochen wird, von jener Zeit also, die für Max Frisch die Zeit der Vergängnis, im Roman die Zeit der Todeserfahrung ist, dies aber im Gegenbild der Gegenwärtigkeit und des Lebens geschieht, ist der Widerspruch unabweisbar. Vor allem im Rückblick auf Jerusalem und seine kreisende Sonne und auf Gantenbeins Morgengrauen und

Sonnenfinsternis wird der „Mittag" dieser Szene zum rückweisenden Formelwort. Der Mittag aber gehört einem Herbsttag. Was im Roman als Antithese unvereinbar bleibt: Jerusalems kreisende Sonne und Gantenbeins Herbst, ist im Schlußbild verbunden. Sollte es mehr als ein Gegenbild zur Todeswelt des Romans sein? Denn es hebt ja auf eigenartige Weise die Widersprüche des Romans auf, indem es sie gerade in seinen exponierten Metaphern aufgreift. In seinem Widerspruch noch hat auch dieses Bild doppeldeutigen Charakter. Denn der Herbst des Schlußbildes ist nicht Gantenbeins Herbst der Finsternis, es ist ein Herbst voller Sonne, ein italienischer Herbst, ein Herbst voller Sommer.

Die kontrastive Spiegelung kann bis zur Vertauschung führen. Enderlin und Buch-Ich können wechseln: „Einer wird fliegen — Einer wird bleiben — Einerlei". Und die gegensätzliche Spiegelung wird offen-spielerisch durchgeführt. Bei dem, der fliegt: „eine durchschnittliche Geschwindigkeit von 800 Stundenkilometern" — „Der Wein ist zu kalt"; bei dem, der bleibt: „Stoßverkehr" — Der „Wein ist wärmer" (201ff.). In dieser offenen Präsentation des gegenteiligen Austausches finden sich die bezeichnenden Reminiszenzen an einen „Spiegel in einem unmöglichen Hotelzimmer, ein rostig-silbrig-rauchiger Spiegel, der nicht aufhört ein Liebespaar zu zeigen, vielarmig", an ein „dummes Ereignis am Strand", an eine „leichte Umarmung zwischen Pinien" (208).

Die Beobachtungen können zeigen, daß der Roman bis ins Detail unter dem Gesichtspunkt der kontrastiven Wiederholungen konzipiert ist. Eine zufällige oder „künstlerisch unnotwendige" Variante[4] ist nur schwer auszumachen. Die Entsprechungen sind so bezeichnend konstruiert, daß sie kaum beliebig oder zufällig genannt werden können. Freilich bleibt die Frage nach der Motivierung der Erzählweise des Gantenbein-Romans. Denn die nicht aufgehobenen Antithesen, der Widerspruch im Detail, die nicht aufgelösten gegensätzlichen symbolischen Chiffren ergeben wenn man die Problemstellung des Romans übernimmt, einen grundsätzlichen Widerspruch. Dieser Widerspruch aber ist gewollt. Er bleibt dem Leser überlassen. Genau das beabsichtigt die Darstellungsweise der widersprüchlichen Wiederholungen. Denn das Gantenbein-Problem soll in der Darstellung nicht gelöst, es soll in ihr nur aufgezeigt werden.[5]

[4] Hans Mayer, S. 211.
[5] Reinhard Baumgart spricht von den „Rissen", die durch das Erzählgebäude laufen. „Daß dieses Buch gerade durch seine Widersprüche, durch seine ästhetische wie humane Offenheit vertrauenswürdiger wird als so manches nur handwerklich, also nur fatal und scheinbar Runde..., das muß sofort hinzugefügt werden" (in: Über Max Frisch, S. 196 f.).

Der Sprachgestus der kontrastiven Wiederholung ist dem Roman habituell wie ihm das Prinzip des „Offen-Artistischen" habituell ist. Max Frisch selbst spricht von „störbarer Spiegelung" (298). Störbar ist im Roman denn auch jede der erprobten Varianten. Gestört wird jede mögliche Identifikation, auch die der Wiederholungen, die scheinbar nur die Darstellung betreffen. „Störbare Spiegelung" ist nicht zuletzt Philemon-Gantenbeins Versuch, in seinem „Beispiel" der Eifersucht Lila und Alil zu einer Person werden zu lassen. „Lilalil" könnte die befreiende Figur des Romans heißen. Aber es bleibt beim Namen, beim Anagramm, für Gantenbein eine „störbare Spiegelung". Keine der Positionen des Romans kann sich diesem Doppelspiel entziehen; denn keine bleibt unwidersprochen. Darin noch überwiegt das artistische Moment des Erzählens. Es bedient sich des Zeichens und der Formel auf eine Weise, die Max Frisch „geistig" genannt hat. Dieser Art Formel „bedeutet, ohne daß sie das Bedeutete sein will". Auch der *Gantenbein* ist „Spiel, nicht Täuschung"; er ist „geistig, wie nur das Spiel es sein kann"[6].

---

[6] Tagebuch 1946–1949, S. 156.